아랍어와
아랍문화

اللُّغَةُ العَرَبِيَّةُ

아랍어와
아랍문화

윤용수 임병필 공저

زيدينى عشقا

زيديني عشقا زدينى
يا أحلى نوبت جنونى زيدينى
زيديني غرقا بعينى
ب البحر بلادينى
زيديني موتا على الموت
محبسى
زيديني عشقا يدينى
يا أحلى نوبت جنونى زيدينى

[CSi]한국학술정보[주]

목 차

『중동, 아랍, 아랍인, 이슬람』

20세기 말 이후, 전 세계인들의 대화에 가장 빈번하게 오르내리는 주제어 중의 하나는 아랍과 이슬람일 것이다. 신문과 방송을 포함한 거의 모든 언론매체에서 아랍과 이슬람이란 말이 끊임없이 반복되며 많은 기사들을 쏟아 내는 것을 보면 아랍과 이슬람이 우리 삶에 이미 많은 영향을 끼치고 있음은 분명해 보인다.

그러나 아랍이 어디지? 중동과 아랍은 어떻게 다르지? 누가 아랍인이지? 이슬람 지역은 어디지? 등과 같은 가장 기본적인 질문에 명쾌하게 답하는 이들은 많지 않다. 이는 질문은 쉽지만 그 대답을 찾기가 쉽지 않기 때문이기도 하지만, 아랍과 이슬람이 한국에서는 용어의 개념도 정확하게 파악하지 못할 만큼 먼 나라고 추상적인 존재로 남아 있기 때문이다. 그 결과 많은 한국인들은 아랍과 중동과 이슬람의 개념을 제대로 파악하지 못하고 있고, 그 개념이 다름에도 불구하고 각각의 개념을 적당히 섞어 사용하고 있다.

그 개념들을 하나씩 정리해 보자.

우선 '중동'이란 개념은 근대에 영국이 세계의 중심을 영국으로 하고 영국과의 지리적 근접도에 따라 아시아를 근동, 중동, 극동으로 구분함으로써 만들어진 것으로서, 서구 제국주의의 오만함이 깃들어 있는 표현이다. 지리적 위치로서의 중동은 아프가니스탄을 포함한 서남아시아 지역과 아라비아반도를 의미한다. 일부에서는 '중동'에 이집트, 리비아 등의 북부 아프리카 국가를 포함시키기도 하지만, 이는 아랍이란 개념과 중동이란 개념을 혼동한 까닭이다. 이 지역은 지리적으로 아프리카에 포함되기 때문에 중동에 포함되지는 않는다.

'아랍'이란 개념은 지리적인 개념에 문화적인 개념을 포함하고 있다. '중동'은 지리적 개념에 근거하고 있지만, '아랍'은 지리적인 개념으로 설명할 수 없기 때문이다. 오늘날 아랍은 서쪽의 모로코에서 시작하여 이집트, 리비아, 알제리, 튀니지 등의 북부 아프리카 국가들과 아라비아반도의 국가와 이라크를 포함하기 때문에 '중동'에 비해 지리적으로 훨씬 광대하고 문화적으로도 다양한 문화권을 포함한다. 정치적으로는 아랍연맹(جَامِعَة العَرَبِيَّة)에 속한 22개 국가가 아랍 국가에 해당한다.

아라비아반도의 주민들은 인종적으로 셈족에 속하지만, 북부 아프리카의 주민들은 햄족과 베르베르족이 혼합되어 있다. 언어도 아라비아반도의 언어가 셈어(Semitic language)인 데 반해, 북부 아프리카의 언어는 햄어(Hemitic language)에 기초하고 있다. 그러나 이 지역은 서기 7−9세기에 걸쳐 아라비아반도의 이슬람 군대에 의해 이슬람화된 이후 현재까지도 이슬람의 영향하에 살고 있다.

이들 지역을 인종과 국가와 언어가 다름에도 불구하고 '아랍'으로

묶을 수 있는 것은 이들 지역이 문화적으로 동일한 문화권을 형성하고 있고, 그 기저에 이슬람과 아랍어라는 굳건한 공통분모를 갖고 있기 때문이다.

아랍의 정의가 이렇게 수월하지 않은 까닭에 '아랍인'에 대한 정의도 쉽지 않다. 이는 아랍의 분포가 아라비아반도와 북부 아프리카를 포함하는 광범위한 지역에 걸쳐 있고, 이 지역의 국가 수도 20여 개가 넘으며 인종도 셈족과 햄족을 포함하고 있고 민

족의 혈통도 다양한 구성을 갖고 있기 때문이다.

따라서 아랍인에 내한 징의는 인종적 요인, 언어적 요인, 가계적(家系的) 요인과 정치적 요인 등을 고려해야만 한다.

인종적 요인은 인종이나 민족에 관계없이 자신을 아랍인이라 생각하고 타인도 아랍인으로 간주하는 사람은 아랍인이라는 기준이며, 언어적 요인은 모어(母語)로 아랍어를 사용하는 사람은 아랍인이라는 생각이다.

가계적 요인은 조상이 아라비아반도에 거주한 사람은 아랍인이라는 생각으로서, 중세 아랍 사회학의 거장인 이븐 칼둔(Ibn Khaldun, 1332-1406)이 가계와 혈통에 근거한 아랍인의 정의를 내렸지만 이 정의는 오늘날 대체로 수용되지 않고 있다, 정치적 요인은 아랍어가 공식어인 국가에 거주하는 사람이거나 아랍연맹의 회원국에 거주하는 사람은 아랍인이라는 믿음이다.

스스로를 아랍인이라 여기는 사람은 위의 요인 중 언어적 요인과 정치적 요인을 특히 중시하는 경향이 있으며, 이들은 가계적 요인에 의한 아랍인의 정의는 대체로 수용하지 않는다. 레바논의 마론파 기독교들은 페니키아계로서 아랍인으로 간주할 수 없기 때문이다. 또한 아랍어를 사용하지 않는 이집트의 콥트인들 역시 아랍인으로 간주하지 않는다. 북부 아프리카의 베르베르인들과 이라크 북부, 터키, 이란에 걸쳐 거주하고 있는 쿠르드인들의 경우, 아랍 문화와 역사에 동화된 이들은 스스로를 아랍인이라 칭하지만 그렇지 않은 이들은 스스로를 아랍인이라 칭하지 않는다.

이븐 아사키르(Ibn Asakir)는 그의 저서인 『다마스쿠스의 역사』에서 아랍인의 정의를 다음과 같이 내렸다.

"아랍인이 된다는 것은 당신의 아버지나 어머니 때문이 아니라 당신의 언어로 결정된다. 아랍어를 말하는 사람은 누구나 아랍인이다."

또한 하빕(Habib Hasan Touma, 1996)은 아랍인의 정의를 다음과 같이 내렸다.

"아랍인이란, 아랍 국가의 국민이며 아랍어를 유창하게 말하고 아랍의 관습, 전통, 정치, 사회 문화 체계에 대한 근본적인 지식을 갖고 있는 사람이다."

한편 아랍연맹이 1946년에 발표한 아랍인의 정의는 다음과 같다.

"아랍어를 모어로 사용하는 지역에 거주하고 아랍어를 사용하는 사람에게 애정을 갖고 있는 자가 아랍인이다."

아랍민족주의의 시각에서 아랍인은 역사와 문화와 언어를 공유하고 있는 자를 말하며, 아랍민족주의자들은 아랍인의 정체성을 신체의 특징과 인종과 종교를 초월한다고 말한다.

아랍인에 대한 위의 다양한 정의에서 볼 수 있듯이 아랍인을 개념 짓는 것은 쉽지 않다. 그러나 여러 가지 정의에서 공통적으로 언급하고 있는 것처럼, 아랍인을 정의할 수 있는 가장 기본적인 조건은 인종이나 혈통이 아니라 아랍어의 모어(母語) 여부다. 이는 아랍인들에게 아랍어는 천상의 언어로서 이 세상에 가장 순수한 언어라는 종교적 믿음과 관련이 있다. 이슬람의 경전인 코란이 아랍어로 계시되고 기록되었다는 믿음이 아랍어에 대한 아랍인의 믿음과 충성심을 확고하게 만들었던 것이다. 따라서 이 세상에서 가장 고귀한 언어인 아랍어를 모어로 하고 능숙하게 사용할 수 있어야만 아랍인으로서의 자격이 있다고 믿고 있다.

언어적으로 / arab / 이란 아랍어 단어의 의미는 '이해하기 쉽게 말하다', '분명하게 말하다'라는 언어적인 발화와 관련이 있음이 이를 뒷받침하고 있다.

마지막으로 이슬람 지역은 인종과 민족을 초월하여 전 세계에서 이슬람을 수용하는 모든 지역을 의미한다. 흔히들 아랍인은 무슬림(مسلم)이고, 무슬림은 아랍인이라는 생각을 하지만 이는 잘못된 인식이다. 2006년 기준으로 약 16억에 달하는 전 세계의 무슬림 중에서 아랍인은 20% 정도밖에 되지 않으며, 인구수를 기준으로 세계 최대의 이슬람 국가는 인도네시아다.

이란은 신실한 쉬아 이슬람 국가이지만 아랍은 아니다. 아랍 지역의 국가들마다 정도의 차이는 있지만 전체 인구 중 5~10% 정도의 기독교와 유대교 등 비이슬람 신자들이 살고 있고, 레바논의 경우 기독교 인구는 전체 인구의 약 50%에 달한다. 따라서 모든 아랍인을 무슬림이라 할 수 없으며, 모든 무슬림이 아랍인은 아니다.

국제화와 세계화 또는 세계 속의 한국 등의 구호는 최근 십여 년 동안 너무나도 자주 들어 왔고 한국 사회가 나아가야 할 방향을 제시하고 있는 용어로 이해된다.

그러나 이러한 요란한 구호와 외침에도 불구하고 한국 사회가 이런 구호의 실현을 위해 사회적, 교육적으로 얼마나 충실하게 준비를 해 왔는가는 한 번 진지하게 돌이켜 볼 문제다.

이웃에 대한 사랑과 이해 없이는 진정한 이웃이 되기 힘들다는 평범한 사실처럼 국제사회에서도 타 문화권에 대한 존중과 이해 없이는 진정한 친구가 될 수 없다.

전 세계 인구의 25%를 차지하고 있고, 21세기의 새로운 세계 중심으로 부각하고 있는 아랍·이슬람 사회에 대한 이해는 이제 더 이상 미룰 수 없는 긴박한 과제로 다가왔기에 이에 대한 이해와 사회적 관심이 더욱 절실히 요구되는 요즘이다.

제1장 이슬람

1. 사도 무함마드

무함마드(مُحَمَّد)는 서력 570
년 4월 21일 메카에서 태어났
다. 그해 예멘군대가 코끼리를
타고 메카를 공격했다고 하여
무함마드가 태어난 해를 '코
끼리해'라 부른다. 무함마드의
전체 이름은 '압둘 까심 무함

마드 이븐 압둘라 이븐 압둘 무딸립 이븐 하쉽'이다. 무함마드는 서기
632년 메디나에서 사망했다.

무함마드는 메카의 지배부족인 꾸라이쉬 부족의 하쉽가(家)에서
출생했다. 아버지 압둘라는 신혼 3일 만에 대상 길에서 사망했으며,
6세 때는 어머니까지 사망하는 불운을 겪게 된다. 고아가 된 무함마
드는 처음에 할아버지 압둘 무딸립에게 의탁했으나 할아버지도 그가
8살 때 사망하게 되고, 삼촌 아부 딸립의 집에서 더부살이를 하게
되었다. 그는 또 잠시 동안 메카 근교 유목민 부인에게 양자로 보내
져 목동으로 소년 시절을 가난하게 보내기도 했다.

장성한 무함마드는 대상을 따라 북방의 시리아와 남방의 예멘을
여행하기도 했으며, 상술에 탁월한 재능을 가진 이로 소문이 나기 시
작했다. 그 결과 당시 메카에서 가장 큰 대상 무역대를 가지고 있던
카디자(خديجة)가 무함마드의 무역 수완과 정직성을 믿고 그에게 대리
무역을 위탁하였으며 만족할 만한 성과를 올렸다. 무함마드는 또한
미남에다가 성실해서 뭇 여성들의 선망의 대상이었다. 25세 되던 해
에 무함마드는 자신의 고용주였고, 자신보다 15살이나 더 많은 40살

의 카디자와 결혼했다. 카디자는 무함마드가 가장 신뢰하는 반려자였으며, 그의 가르침을 믿고 이슬람교도가 된 최초의 사람이었다.

결혼 후 성세적인 인정을 찾게 된 무함마드는 1년 중 일정 기간 동안 메카 교외의 산중에서 명상과 기도로 시간을 보내곤 했다. 그러던 어느 날 무함마드가 사우르산 히라동굴에서 명상에 심취해 있을 때 영적 체험을 경험했다. 이때가 바로 그의 나이 40세 때인 서기 610년이며, 이는 이슬람에서 가장 큰 사건으로 기억되고 있다. 천사장 가브리엘(جِبْرِيل)에 의해 하나님의 말씀이 그에게 계시된 것이었다. 무함마드는 사람들에게 진리를 가르치고 전해야 할 사명이 자신에게 주어졌다는 것을 확신하고, 613년경부터 이슬람의 전파를 시작했다.

천사장 가브리엘을 통해 하나님의 계시를 받은 무함마드는 메카의 부족민들에게 하나님의 말씀을 전하려 했지만 우상과 미신에 빠져 있던 메카 사람들은 그의 말을 믿지 않았다. 오히려 그를 정신병 환자로 취급했다. 사실 초기의 수년간은 가족과 친구 등 소수의 친한 동료에게만 하나님의 말씀을 전할 수밖에 없었다. 처음에는 메카 시민들이 무함마드와 그 추종자들을 조롱하는 정도였지만, 점차 그를 따르는 추종자들이 늘어나자 무함마드는 메카 시민들의 경계의 대상이 되었고 압박도 점차 커졌다. 그것은 순전히 경제적인 이유 때문이었다. 당시 메카는 상업과 금융의 중심지로서 아라비아 각처로부터 순례자들이 모여들었으며, 순례 달에는 상설시장이나 정기시장도 번창했다. 메카에서는 상인공화국, 즉 부유한 상인들로 구성된 평의회가 지배하는 과두정치가 성장하고 있었다. 그런데 무함마드의 가르침은 메카의 금권 과두정치를 정면으로 공격하는 것이었다.

무함마드에 대한 반대는 처음에는 조소와

끝없는 논쟁에 그쳤다. 그러나 곧 박해가 시작되었고, 615년에는 추종자들을 기독교 국가인 에티오피아로 피난시킬 수밖에 없었다. 그 뒤 무함마드는 '애도(哀悼)의 해'라고 불린 619년에 애처 카디자와 숙부 아부 딸립을 잃었다.

무함마드는 메카의 박해를 벗어날 곳을 찾았으며, 메디나(يَثْرِب)에서 피난처를 발견하였다. 무함마드는 추종자들(مُهَاجِرُونَ)을 데리고 메카를 떠나 메디나로 이주(اَلْهِجْرَة)를 하게 되고, 이때가 그의 나이 53세, 서기 622년 6월 16일이었다. 이때부터 이슬람은 622년을 이슬람력(히즈라력)의 기원으로 삼고 있다. 메디나 주민들은 무함마드와 추종자들에게 융숭한 대접을 베풀었으며, 메디나는 후에 '사도의 도시'(مَدِينَة النَّبِيّ)라는 이름으로 불리게 되었다.

당시 메디나는 대추야자 재배를 업으로 하는 광활한 오아시스 농업 도시였으며, 아랍 부족들과 유대 부족들 간의 대립이 지속되고 있었다.

그 대립은 쌍방 모두와 아무런 관계가 없는 제3자의 조정이 아니고서는 해소되지 못할 것처럼 보였다. 그런 점에서 부족이라는 혈연적인 결속을 부정하는 이슬람교의 무함마드는 지극히 적절한 조정자였다. 메디나의 주민들과 무함마드 사이에 은밀한 교섭이 진행되고, 그 결과 622년 메디나 주민들이 무함마드에게 충성을 서약하는 '아까바맹약'이 체결되었다. 곧 이어 메카의 이슬람교도들이 대거 메디나로 이주를 시작하자, 사태의 심각함에 놀란 메카의 대상인들이 그를 암살하려고 했으나 무함마드는 그해 9월 24일 무사히 메디나에 도착했다.

메디나의 아랍인들 중에서 무함마드를 도왔던, 이슬람교로 개종한 사람들은 '안싸르'(الأنصار)라고 불린다. 무함마드는 메카에서 이주해 온 무하지룬과 안싸르를 통합하기 위해 노력했으며, 유대교도를 자 기편으로 만들기 위해 신앙의 자유를 허용하고, 예배의 방향(قبلة)을 예루살렘으로 정하는 등 유대교의 일부 종교의식을 수용했다. 그러 나 유대교도들이 무함마드를 사도로 인정하기를 거부함으로써 양자 의 관계가 험악해졌으며, 히즈라 후 2년이 못 되어서 예배의 방향을 메카의 카으바(الكعبة) 신전으로 바꾸었다.

카으바 신전이 있는 메카는 이슬람교의 중심이었다. 무함마드는 메카의 경제력을 약화시키고, 동시에 전리품 획득으로 수입을 도모 하기 위해 메카 대상들을 공격하기 시작했다. 624년 봄 바드르 전투 에서 대승을 거두었으나, 1년 후 바드르의 복수를 다짐하는 3,000명 의 메카군이 메디나로 쳐들어와 무함마드의 군대는 패배하고 무함마 드도 부상을 입었다. 서기 627년 봄에도 메카의 대군이 메디나로 쳐 들어왔으나, 이를 예견한 무함마드는 미리 도랑(한닥)을 파 메카군을 격퇴시켰다(한닥 전투). 무함마드는 한닥 전투로 주도권을 회복했고 이것을 협상 수단으로 이용했다. 메카와 메디나의 군사력도 백중지 세였고, 옛날부터 이어져 내려오는 카으바 순례를 이슬람교의 중요 한 의식으로 삼는다는 의도를 분명히 함으로써 메카 주민들의 적개 심을 무력화시켰다. 무함마드는 메카와 메디나의 통상 재개를 포함 한 협상 끝에 카으바 순례를 하기 위한 휴전을 성립시켰으나, 이슬 람교도가 메카에 접근하자 무장한 기사들이 길을 가로막았다.

그들은 후다이비야에 야영하면서 메카의 대표와 교섭을 가져 다음 세 가지를 골자로 하는 '후다이비야조약'을 체결하였다.

조약의 내용은 첫째, 이슬람교도는 그해의 순례는 단념하지만 이듬 해 3일간의 기간을 정해 다시 순례한다. 둘째, 무함마드를 흠모해 보 호자의 허가 없이 메디나에 찾아온 메카 사람은 보호자가 요구하는

즉시 메카로 돌려보낸다. 셋째, 앞으로 10
년간 휴전하며 그동안 메카인과 메디나인
은 자유로이 상대방의 영토를 통행하고, 만
일 어느 쪽이든 다른 제3자와 싸울 경우
에 서로가 중립을 지킨다.

아라비아반도 제일의 권세를 자랑하는
메카 시민과 쫓기듯이 고향을 버린 메디
나의 이슬람교도는 이제 대등한 입장에
섰고, 무함마드는 전투를 피하면서 완전
히 메카를 장악할 시간적 여유를 얻게 된 것이다.

이듬해인 629년 메디나의 이슬람교도가 '후다이비야조약'에 따라
카으바 순례를 행하자 메카 시민들은 메카를 비워주었다. 이슬람교
도들은 순례를 마친 후 3일 후에 조약에 따라 메디나로 돌아갔으며,
무함마드가 무력과 온건함을 겸비한 것을 본 메카인은 깊은 감명을
받았다. 때마침 두 곳의 유목 부족이 싸움을 시작했고 메카가 중립
조항을 어기고 한쪽 편을 들었을 때, 무함마드는 군대를 이끌고 630
년 1월 메카로 향했다. 이때 메카는 아무런 저항 없이 무함마드에게
항복했고 그 후 거의 모든 주민이 이슬람교로 개종했다. 무함마드는
운석으로 간주되는 검은 돌을 제외한 카으바의 모든 우상들을 파괴
하고 다신교의 신전이었던 카으바를 이슬람교의 최고 신전으로 삼을
것을 명령했다.

무함마드는 630-631년 동안 활발한 군사원정을 통해 아라비아반
도를 거의 통일하였으며, 행정조직을 개편했고, 그때까지 자발적이었
던 자카트(زكاة)를 무슬림의 의무로 바꾸었으며, 다신교를 영원히 금
지시켰다. 이슬람사회는 평등원칙에 따라 오직 코란의 율법에 의해
서만 지배되었다. 이 시기의 코란 구절들은 여성의 재산권과 상속권
인정, 일부사처의 인정 등 주로 법률상의 문제를 다루고 있다.

무함마드는 631년의 순례 때 자신의 장인이자 신앙심이 깊은 무슬림인 아부 바크르(رضي الله عنه)에게 지휘를 맡겼으나, '이별의 순례'라고 일컫는 이듬해 632년에는 자신이 직접 순례를 지휘했다. 그는 최후의 설교에서 무슬림들에게 그의 사후에도 분열하지 않도록 당부했다. 더불어 신은 유일하며 신자는 형제라는 것을 재차 확인했으며, 여성의 권리에 유의할 것을 신도들에게 명했고, 피의 복수와 이자의 폐지를 선언했다.

무함마드는 632년 6월 8일 메디나에서 사망했다.

무함마드는 예수와 달리 한 인간이었다. 무함마드 자신도 인간 이상의 것은 아무것도 없다고 하였고, 후세의 무슬림들도 또한 그를 단지 하나의 완전한 인간으로 인식하고 있다. 무슬림들은 그를 인간 이상으로 믿어서는 안 된다는 것을 강조하며, 무함마드를 경배의 대상이나 구세주로 믿는 것은 큰 죄악이라 여긴다.

무함마드가 인류 역사에서 가장 큰 영향력을 끼친 사람으로 평가되고 있는 것은 아라비아반도를 통일하였을 뿐만 아니라 각 지역의 문화를 융합하여 독특한 아랍－이슬람문화를 탄생시켰다는 점이다. 이와 더불어 코란을 통해 전 세계 무슬림들의 종교 언어를 아랍어로 통일하면서, 정신은 알라를 생각하고 머리는 메카의 카으바 신전을 향하도록 하여 불변의 구심력을 만들었다는 사실 때문이다.

【코란 속의 무함마드】

■ 무함마드는 한 선지자에 불과하며……(제3장 144절)
■ 그들은 사도며 무학자 선지자를 따르는 이들이라. 그들은 그들의 기록서인 구약과 신약에서 그를 발견하리라……(제7장 157절)
■ 하나님이 그대를 보냄은 만백성에게 자비를 베풀기 위해서라. (제21장 107절)

■ 무함마드는 너희 가운데 어느 한
사람의 아버지가 아니며 하나님의
선지자이며 최후의 사도라……(제
33장 40절)

■ 하나님이 그대를 보내매 만인을 위
한 복음자로 그리고 경고자로서 보
내거늘. 그러나 많은 사람들은 이
를 알지 못하더라.(제34장 28절)

■ 그러나 믿음으로 선을 행하며 주님
으로부터 무함마드에게 계시된 진리를 믿는 자, 하나님은 그들의
과오를 거두어 주시며 그들의 위치를 높여 주시노라.(제47장 2절)

■ 무함마드는 하나님의 선지자이시며 그와 함께 하는 자들은 불
신자들에 대하여 마음이 강하고 그들 사이에는 인정이 많더
라……(제48장 29절)

■ 하나님이 그들 백성 중 무학자인 무함마드를 한 선지자로 보
내어 그로 하여금 하나님의 말씀을 낭송하고 그들을 청결케
하며 그 성서와 지혜를 가르치도록 하였나니. 실로 이전의 그
들은 방황하고 있었노라.(제62장 2절)

2. 코란과 하디스

1) 코란(الْقُرْآن)

610년 라마단 달(이슬람력 9월) 27일 밤 사도 무함마드가 메카 주변 사우라산 히라동굴에서 명상을 하고 있을 때 대 천사 가브리엘이 신의 부름을 받고 내려와 신의 말씀을 무함마드에게 전달하였다. 당시 무함마드는 글을 읽을 수도 쓸 수도 없었다고 한다. 최초의 코란 계시는 제96장 1-2절("물과 인간을 창조한 신의 이름으로 암기하라. 하나님은 한 방울의 정액으로 인간을 만드시는 분이라. 읽으라, 그대의 주님은 가장 은혜로운 분으로 연필로 쓰는 것을 가르쳐 주시고 인간이 알지 못하는 것도 가르쳐 주시는 분이라.")이다.

610년 사도 무함마드의 나이 40세에 계시된 것이 코란의 첫 계시라 한다면, 632년 12월(ذُو الْحَجّ) 10일 그가 63세로 운명하기 9일 전에 계시된 것이 코란의 마지막 계시이다. 마지막 계시를 통하여 알라는 자신의 종교를 완성하고 '이슬람'이라 하였다고 코란 제5장 4절("오늘 내가 너희를 위해 종교를 완성하였고 나의 은혜가 너희에게 충만하게 하였으며 이슬람을 너희의 신앙으로 만족케 했느니라.")
에서 언급하고 있다.

코란은 전 분량이 일시에 계시된 것이 아니다. 메카에서 13년 그
리고 메디나에서 10년, 총 23년 동안 현실상황을 질문에 대한 대답
형식으로, 사건에 대한 규범 및 판결의 형태로 간헐적이면서 부분적
으로 계시된 것이다. 신이 코란을 일시에 계시하지 않고 간헐적이고
부분적으로 전달한 이유는 무함마드로 하여금 사람들에게 일부분씩
점진적이고 단계적으로 암기시키도록 하기 위해서라고 코란 제17장
106절("우리가 코란을 부분적으로 계시하는 것은 그대 무함마드가
사람들에게 점진적으로 낭송하여 주도록 하기 위해 그것을 단계적으
로 계시하니라.")에서 언급하고 있다.

이러한 과정을 통하여 계시된 코란은 30부분 114장(سُورة)으로 분
류된다. 각 장은 절들로 구성되어 있으며, 가장 긴 장은 286절로 되
어 있는 제2장, 가장 짧은 장은 3절로 되어 있는 제108장과 제110장
이다. 각 장에 있는 절의 길이가 다르듯이 각 절의 어휘의 숫자도
다르며, 어떤 절은 철자만으로 구성된 것도 있다. 매 장마다 '비스밀
라(بسم الله)'(신의 이름으로)라는 서두로 시작하고 있으나, 114장 중에
서 제9장만은 예외이다. 이는 제9장이 불신자들에 대한 최후 경고이
기 때문에 대자대비하신 신의 이름으로 개시할 필요성이 없었기 때
문으로 풀이되고 있다. 코란 114장 중에서 86장은 메카에서, 28장은
메디나에서 계시되었으며 총 6,616절에 77,934어휘 및 323,760철자
로 구성되어 있다.

개경장(السُّورة الفَاتِحَة)을 제외하면 제2장이 가장 길고, 뒤에 오는 것
일수록 순차적으로 짧아지지만, 이 원칙이 항상 지켜진 것은 아니다.
코란의 대부분의 판에는, 각 장의 제목과 함께 '메디나의'(المَدَنِيَّة),
'메카의'(المَكِّيَّة)라는 말이 있는데, 그것은 그 장이 무함마드에게 계시

된 때가 메디나였는지 혹은 메카이었는지를 보여주는 것이다.

고란 편찬의 과정을 단계별로 살펴보면 다음과 같다.

(1) 사도 무함마드(570 – 632)

사도 무함마드는 라마단(이슬람력 9월) 때마다 한 차례씩 천사 가 브리엘 앞에서 코란을 낭송하곤 했는데, 그가 죽기 전 마지막 라마 단 때는 코란 전체를 두 번 연이어 낭송했다. 가브리엘은 무함마드 에게 일곱 개의 낭송법을 가르쳤으며, 계시된 구절들은 사도가 선택 한 서기들에 의해 나뭇잎, 나무 조각, 양피지, 가죽, 평평한 돌, 견갑 골에 기록되었다. 일부 교우들도 자신들이 사용할 목적으로 코란을 받아쓰기도 했으며, 코란을 모두 암기한 교우들도 수백 명에 달했다 고 한다.

(2) 제1대 정통 칼리파 아부 바크르(أَبُو بَكْر, 재위기간 632 – 634)

야마마전투(633)에서 코란을 암기했던 많은 낭송가들이 사망하자 후에 제2대 칼리파가 된 우마르 이븐 알카땁(عَمَر اِبْن الْخَطَّاب)은 아부

바크르에게 코란을 보존하고 편집 할 것을 촉구했다. 이에 아부 바크 르는 자이드 이븐 싸비트에게 코란 의 수집 임무를 맡겼다. 자이드는 사도 무함마드가 천사 가브리엘 앞 에서 코란 전체를 마지막으로 낭송 했을 때 참석했었던 서기들 중의

한 사람이었다. 자이드는 코란 구절들을 암기하고 기록했던 다른 교우 들의 도움을 받아 코란의 수집·편찬 임무를 완성했고, 코란의 첫 번

째 진본을 아부 바크르에게 바쳤다. 이 진본은 제2대 정통칼리파 우마
르의 딸이며 사도의 부인인 합사에 의해 보관되었다.

(3) 제3대 정통 칼리파 우쓰만(عُثْمَان, 재위기간 644-656)

이슬람제국의 확장으로 낭송의 변종들을 염려한 우쓰만은 자이드
이븐 싸비트, 압둘라 이븐 알주바이르, 사이이드 이븐 알아쓰와 압둘
라흐만 이븐 하리쓰 이븐 히샴에게 명령해 합사가 보관했던 진본의
완벽한 사본들을 만들었다. 원본은 합사에게 되돌려졌으며, 하나의
사본은 메디나에 보관되었고, 7권의 사본들은 각지의 무슬림 세계로
보내졌다.

각 장의 배열은 사도 무함마드의 선례를 그대로 따랐다. 즉 사도
가 단식월인 이슬람력 9월(رَمَضَان) 기간에 천사 가브리엘 앞에서 두
번이나 코란 전체를 암송한 순서를 그대로 따랐다. 코란 전체를 암
기했던 사도의 동료들 역시 사도가 가르치고 행하였던 바로 그 순서
의 배열을 답습하는 데 이의가 없었다.

코란은 운이 있는 산문체로 기록되었다. 비교적 짧은 장은 간결하
고 긴박한 기도 형식을 하고 있으며, 비교적 긴장은 이야기조이다.
코란은 무함마드 이전 사도들의 이야기, 세계 종말의 생생한 묘사,
최후의 심판, 이혼 당한 부인, 신이 유일하시며 전지전능하시고 최고
의 주권을 가지신 것, 비잔틴 제국에 오게 될 승리, 고아에 대한 친
절 등에 이르기까지 다양한 문제들을 다루고 있다. 문체는 힘차며,
표현은 도덕적이고 신 중심적이다. 또한 코란은 유대교·그리스도교
의 전승들, 당시의 사회적 관습이나 역사적 사건에 관한 부분을 많
이 포함하고 있다.

세월이 지남에 따라 이해하기 어려운 부분이 많아져 해설(تَفْسِير)을
첨기할 필요성이 생겼다. 각 시대마다 수많은 해설서가 출간되었으

며 대표적인 것은 디바리, 자마크샤리, 바이다위 등이 있다. 코란은 알라의 말로 그 번역이 금시되어 있었다. 그러나 12세기 최초의 라틴어 번역이 시도된 이후 전 세계 언어로 번역되었고, 1980년에는 한국어로도 번역되었다. 그러나 번역서는 코란과 이슬람을 이해하는 참고서일 뿐이며, 기도를 할 때는 반드시 아랍어로 된 코란을 낭송하여야 기도의 효력을 거둘 수 있다고 한다.

【코란 속의 코란】

▣ 그가 그것을 위조하였다 말하더뇨. 일러 가로되 너희가 진정 진실한 자들이라면 그와 같은 말씀을 가져오라 하고 너희의 힘을 다하여 하나님 외에 구원을 하여 보라.(제10장 38절)

▣ 그처럼 하나님이 그것을 아랍어로 계시하시니……(제13장 37절)
▣ 하나님이 그대에게 성서를 보냄은 그대로 하여금 그들이 달리 하는 것을 설명하려 함이라. 그것은 복음이요 은혜로 믿는 백성을 위한 것이라.(제16장 64절)
▣ 실로 코란은 가장 올바른 것으로 인도하며 믿는 신앙인들을 위한 복음이라……(제17장 9절)

■ 하나님이 코란을 계시함은 이로 하여 믿는 자들에게는 치료와 은혜가 되고 불신자들에게는 손실이 되도록 함이라.(제17장 82절)

■ 하나님이 코란을 부분적으로 계시함은 그대가 백성들에게 점차적으로 낭송하여 주도록 하기 위해 하나님은 그것을 단계적으로 계시하였노라.(제17장 106절)

■ 그분의 종에게 성서를 계시한 하나님께 찬미를 드리나니. 그 안에는 일 점의 왜곡됨도 없노라.(제18장 1절)

■ 그것은 올바른 진리로 이로 하여 무서운 벌을 경고하고 믿음으로 선을 행하는 이들에게 좋은 보상이 그들의 것이라는 복음을 전하노라.(제18장 2절)

■ 불신자들이 왜 코란을 한번에 전부 그에게 계시되지 아니했느뇨라고 말하였더라. 그렇게 함은 하나님께서 그대의 마음을 강하게 하기 위해 점차적으로 그리고 단계적으로 천천히 계시했노라.(제25장 32절)

■ 명료한 아랍어로 계시했노라.(제26장 195절)

■ 그것은 선조들의 성서에서도 언급이 되었거늘.(제26장 196절)

■ 그대는 지혜와 지식으로 충만하신 분으로부터 코란을 계시받게 되었노라.(제27장 6절)

■ 혹은 그가 그것을 날조하였다고 그들이 말할지 모르나 그러나 그것은 그대 주님으로부터의 계시된 진리이며 이는 그대 이전에 어떠한 경고자도 오지 아니한 백성에게 그대로 하여금 경고하여 그들이 인도받도록 함이라.(제32장 3절)

■ 하나님이 그대에게 계시한 성서는 진리로 그 이전에 계시된 것을 확증하고 있나니 실로 하나님은 그분의 종들을 관찰하시며 지켜보고 계시니라.(제35장 31절)

■ 말씀이 세분화되어 아랍어로 계시한 성서이거늘 이는 이해하는 백성들을 위한 것이라.(제41장 3절)

■ 하나님이 코란을 아랍어 아닌 다른 언어로 계시했다면 불신자
들은 말했으리라 이 계시는 왜 분명하지 않느뇨. 선지자는 아랍
인인데 성서는 아랍어가 아니지 않느뇨. 일러 가로되 그것은 믿
는 사람들을 위한 길이요 치료라. 그러나 믿지 아니한 자들은
귀머거리요 소경이니 먼 곳에서 부르는 것을 듣는 자 같으니
라.(제41장 44절)

■ 이렇듯 하나님은 그대에게 아랍어로 코란을 계시하나니. 이로 하
여 그대가 어머니 도시의 주민들과 그 주변의 모든 백성들에게
경고하고 일부는 천국에 있게 될 것이요 일부는 타오르는 불지
옥에 있게 될 의심할 바 없는 그날을 경고하라.(제42장 7절)

■ 하나님은 그것을 축복받은 밤에 계시했나니 그것으로 경고하고
자 함이라.(제44장 3절)

■ 코란을 계시받음에 서둘러 그대의 혀를 움직이지 말라.(제75장 16절)

■ 하나님이 그것을 모아 그대로 하여금 암송케 하리니.(제75장 17절)

■ 하나님이 그것을 읽은 후에 그대가 따라 읽으라. (제75장 18절)

■ 하나님이 그대에게 단계적으로 코란을 계시했노라. (제76장 23절)

■ 실로 이것은 만인을 위한 메시지이며.(제81장 27절)

■ 실로 이것이 영광의 코란으로.(제85장 21절)

■ 보호된 곳에 보관된 것이라.(제85장 22절)

■ 진실로 하나님은 거룩한 밤에 이 계시를 내리나니.(제97장 1절)

2) 하디스(الحَدِيث)

하디스는 '대화 · 이야기'라는 뜻이며, 정관사 '알(ال)'이 붙어 '알 하디스(الحَدِيث)'가 되면 사도 무함마드의 언행을 기록한 책을 뜻한다. 하디스는 이슬람에서 도덕의 지침이며 또한 코란 다음가는 제2법원 이다.

정치적인 혼란 속에서 사도의 후계 칼리파들을 평가하는 기준과 입장이 다양해지고 이것이 종파로까지 발전되면서 메디나를 중심으 로 한 이슬람 주류 측 학자들은 이슬람의 정통 교리를 확립할 필요 성에 직면하게 되었다. 이슬람 그 자체가 생활의 전형적인 규범이 되는 상황에서 무엇보다 이슬람법의 제정이 우선적으로 요구되었다. 더욱이 유일한 법원인 코란만으로는 복잡한 사회 현상과 종파 분열 에 적절히 대응할 수 없었던 무슬림 주류는 사도의 관행인 순나 (السُّنَّة)를 중시하여 이슬람의 참모습을 회복하려는 움직임을 보였다. 주류를 순니(سُنِّي)라고 부르는 것도 이 때문이다.

순나의 전달 과정을 기록하는 '이스나드(إِسْنَاد)'의 신빙성과 내용의 신뢰도에 따라 하디스는 참(صَحِيح), 우수(حَسَن), 불확실(ضَعِيف), 포기 (مَتْرُوك), 폐기(مَوْضُوع)로 나뉐었다. 하디스는 9세기 중엽 이후 체계적 으로 수집되었으며 6권의 하디스를 최고의 하디스, 즉 '6서(書)'라 칭 했다. 그들은 무함마드 이븐 이스마일 알부카리, 무슬림 이븐 알하자 즈, 아부 다우드 알시지스타니, 아부 이사 무함마드 앗티르미디, 아부 압둘라흐만 알나사이, 아부 압둘라 이븐 마자가 편찬한 책들이다.

3. 5주와 6신

1) 5주(五柱)

이슬람 국가를 여행하다 보면 여행자는 낯선 풍경을 쉽게 접하곤 한다. 길거리든 식당이든, 사원이든 가리지 않고 수시로 개인 또는 무리를 지어 예배를 드리는 모습이나, 1년 중 특정한 기간에 대부분의 국민이 금식을 실행하는 풍경이나, 매년 수백 명의 사상자가 생겨날 가능성을 무릅쓰고 수백만의 사람들이 모여 같은 복장을 하고 메카 순례를 하는 모습 등이다.

이방인의 시각에 극히 이례적으로 보이는 이런 모습들에 궁금증과 신기함을 느끼다가도 이런 삶의 모습이 전 세계 인류의 약 25%의 모습이라는 것을 알게 되면 적잖게 당황하게 되고 세상에 대한 자신의 무지를 깨닫게 된다.

이슬람 사회에서 발견되는 이런 모습들은 이슬람의 5주, 글자 그대로 이슬람을 떠받치고 지탱하는 기둥으로서 이슬람의 근본이자 실천적 행동이다. 신앙고백, 예배, 금식, 순례, 희사로 구성되어 있는 이슬람의 이 다섯 기둥은 전 세계 16억 무슬림들의 이슬람 신앙에 대한 구체적 표현으로서 단순한 통과의례가 아닌 무슬림들의 일상이며 삶 그 자체다. 5주의 실천 여부에 따라 무슬림의 신앙심이 평가되며 궁극적으로 최후의 심판일에 천당과 지옥의 길이 나누어진다고 무슬림들은 믿고 있다.

따라서 아랍 이슬람 사회를 이해하고 무슬림의 의식 구조와 가치관을 이해하며 그들과 진정한 의미의 친구가 되기 위해서는 이슬람의 5주에 대한 이해가 반드시 요구된다.

(1) 신앙고백(شَهادَة)

　　무슬림들의 종교적 실천 강령인 다섯 기둥 중의 첫 번째는 신앙고백이다. 그 내용은 "알라 외에는 신이 없고, 무함마드는 알라의 사자(使者)다 (لا إله إلاّ الله، مُحَمّدٌ رَسُولُ الله)"라는 두 마디 경구를 소리 내어 암송하는 것으로서, 이 경구를 마음속으로 믿는 것만으로는 안 되며 반드시 소리 내어 고백함으로써 자신의 신앙을 증언해야 한다.

　　신앙고백을 여러 의무 가운데서 첫 번째로 두는 이유는 이 내용이 바로 이슬람교의 근본교리이기 때문이다. 다른 의무들은 상황에 따라 실천 과정에서 융통성을 보일 수 있지만, 신앙고백만은 절대적으로 미루거나 어길 수 없다. 어떠한 경우에도 이 증언을 거부하거나 미루면 더 이상 무슬림이라 할 수 없다.

　　경구의 내용은 두 가지로 구성되어 있다. 첫째는 이 세상에 알라(الله)만이 유일신(唯一神)으로서 다른 어떠한 신이나 우상을 믿어서는 안 된다는 것이다. 최고 위정자나 스승, 부모라 해도 존경은 하되 숭배하는 것은 허용되지 않는다. 오로지 알라의 유일성과 창조성, 전지전능함과 자비를 믿고 그에게만 귀의(歸依)해야 한다.

　　경구의 두 번째 내용은 이슬람교의 창시자인 무함마드가 인간에게 온 알라의 마지막 사자(رَسُولُ الله)임을 증언함으로써 무함마드를 통해 인간에게 내린 알라의 계시를 그대로 믿고 따라야 한다는 것이다. 역설적으로 무함마드가 알라의 사자(使者)임을 인정하지 않을 때는 코란 속에 담겨 있는 알라의 계시나, 그 계시에 따라 무함마드가 창시한 이슬람의 교리나 제도는 그 존립기반을 상실하고 만다.

　　이 경구는 무슬림들이 평생 동안 가장 많이 쓰고 듣는 관용어로서 언제 어디서나 입버릇처럼 흔하게 사용한다. 예배나 기도 때는 물론이거니

와 평상시에도 늘 되뇌고, 심지
어 격렬한 시위 때도 군중늘이
단체로 이 경구를 외치는 것을
발견할 수 있다. 이는 이 경구야
말로 이슬람 신앙에 대한 무슬
림의 확인과 자부이기 때문이다.

이런 중요성 때문에 이 경구로 정중한 서약을 대체하기도 한다.
갓난아기가 어머니로부터 들은 첫마디가 바로 이 경구이기에 이슬람
사회에서 태어난 아기는 태어나자마자 자연히 무슬림이 된다. 비무
슬림이 이맘(إمام) 앞에서 이 경구를 외면 다른 절차 없이 곧바로 이
슬람교의 입교자가 된다. 대통령의 엄숙한 취임사도 이 두 마디 경
구로 운을 뗀다. 비록 짧은 두 마디 말이지만, 신앙고백은 이슬람의
근본이며 그만큼 큰 의미를 지니고 있다.

(2) 예배(صلاة)

다섯 기둥의 두 번째는 예배다. 신
앙숭배 대상을 경배하는 행위나 의식
으로서의 예배는 형식과 방법은 달라
도 거의 모든 종교에서 나타나는 보편
적인 종교 의식이다. 이슬람교도 예외
는 아니지만, 그 구체적인 형식과 방
법에서 몇 가지 특징을 가지고 있다.

첫째, 이슬람 예배의 주목적은 자기 정화(淨化)다.

일반적으로 다른 종교의 예배는 경배 대상으로부터의 시혜나 구원
같은 것을 바라는 기복적(祈福的) 성격이 강하지만, 이슬람에서는 자
기 정화의 측면을 강조한다. 코란에서도 '예배는 수치와 그릇된 행위

를 예방하며'(29:45)라고 언급하며 예배의 주요 목적이 예배자의 자기 정화임을 분명히 하고 있다. 무함마드와 관련된 다음 일화는 예배의 이런 성격을 잘 보여 주고 있다.

어느 날 무함마드는 제자들을 모아 놓고 "만약 어떤 사람의 집 문 앞에 개울이 있어 매일 다섯 번씩 목욕을 한다면, 그의 몸에 때가 끼어 있을까?" 하고 질문을 던지자 제자들은 일제히 "때가 낄 리 만무합니다"라고 대답했다. 그러자 사도는 "매일 다섯 번씩 하는 예배의 의미가 바로 그것이다. 알라께서는 그러한 예배를 통해 모든 죄악을 씻어줄 것이다"라고 제자들을 일깨웠다.

둘째, 이슬람 예배의 특징은 알라와 무슬림들이 만나고 대화하며 서로 가까이 하는 영적 교감의 장이다. 무슬림들은 다른 종교와 달리 본인들과 직접적으로 수직관계에 있는 알라와의 만남을 주선해 주는 예배에 특별한 의미를 부여하고 그 참여에 적극성을 보인다.

셋째, 이슬람교 예배의 특징은 다양성이다. 이슬람에는 하루에 다섯 번 실행하는 정기 예배 외에, 때와 장소에 상관없이 예배자 본인이 자유롭게 하는 자유 예배 등 여러 가지 형태가 있다.

이 중 가장 중요한 것은 하루 다섯 번의 정기 예배로서, 새벽(فَجْر), 정오(ظُهْر), 오후(عَصْر), 저녁(مَغْرِب), 밤(عِشَاء)에 하는 예배다.

심신이 건전한 성년남녀는 반드시 정기 예배를 정해진 시간에 해야 하지만, 병약자나 여행자, 또는 부득이한 긴급 상황에 처한 자는 정기 예배를 단축하거나 뒤로 미루어 보충할 수 있다. 그리고 정오 예배와 오후 예배는 더운 시간을 피하기 위해 연기하기도 하고, 저녁

예배와 밤 예배는 행사 등으로 인해 정해진 시간에 할 수 없을 경우에 한꺼번에 하기도 한다. 이슬람의 융통성과 관용성을 보여주는 일례라고 할 수 있다.

이슬람에서 예배를 드리는 데는 몇 가지 선결조건이 따른다. 그중 가장 중요한 것은 마음의 안정과 몸의 청결이다. 예배 전에는 반드시 마음을 안정시키고 알라에 대한 최대한의 경배심을 간직해야 하며, 이와 함께 몸을 깨끗이 씻어야 한다. 예배 전에는 반드시 부분세정(وَضُوء)이나 전신세정(غُسْل)을 해야 하고, 세정을 위해 이슬람 사원 앞에는 세정을 위한 장소가 설치되어 있다.

그런데 물이 없거나 귀하고, 또 신병으로 물을 묻힐 수 없거나 물로 몸을 씻을 시간이 없을 때는 '따얌뭄(تَيَمُّم)'이라고 하여 깨끗한 모래나 돌로 손바닥을 문지르거나 몸을 닦는 것이 허용된다. 모래를 깨끗한 것으로 인정하는 아랍인들의 사고가 반영된 것이다.

이슬람에서 예배동작은 바로 서기 자세로 있다가 예배를 하겠다는 마음을 가다듬은(نِيَّة) 다음 두 손을 귀머리까지 올리면서 "알라후 아크바르(أَللهُ أَكْبَر)"라는 찬사와 경구를 읊은 후 팔짱을 끼고(쉬아파는 팔짱을 끼지 않음) 코란을 암송한다. 이어 허리를 반쯤 굽혔다가 펴는 반절을 하고서는 다시 무릎을 꿇고 땅바닥에 엎드려 이마가 바닥에 닿도록 두 번 온절을 한 다음 일어나서 바른 자세로 돌아온다. 여기까지가 예배동작의 한 단위인데, 이것을 '라크아(رَكْعَة)'라고 한다. 모든 예배는 이 라크아를 단위로 하여 진행된다.

이방인이나 서구인들은 분초를 쪼개 사는 현대인들에게 하루 다섯 번씩이나 예배를 할 여유가 어디 있냐고 반문하기도 하고, 심지어 이것을 이유로 '시대에 뒤떨어진 구태'라고 비아냥거리기도 한다. 그럴 때면 무슬림들은 '차 한 잔 마실 시간이면 되는 일인데'라고 넌지시 되받아친다. 사실 예배에 걸리는 시간은 기껏해야 10분을 넘지

않는다. 외부인들의 비아냥거림에도 괘념치 않고 자신들의 종교적
의무이자 삶의 일부분을 성실하게 수행하는 것이 대다수 무슬림들의
모습이다.

기도는 메카를 향해 서서 다
음과 같은 순서로 진행된다.

㉠ 양손의 엄지를 귓불 가까
이에 올리고 '알라는 가장 위대
하시다'(الله أكبر)라고 외운다. ㉡
직립자세로 코란 제1장을 외운
다. ㉢ 상반신을 구부리고 '위
대하신 나의 주께 평강이 있으라'(سُبْحَانَ رَبِّ الْعَظِيم)를 3번 반복한다. ㉣
무릎을 땅에 대고 엎드려 '가장 지고하신 나의 주께 영광이 있으라'
(سُبْحَانَ رَبِّ الْأَعْلَى)를 말한다. ㉤ 앉은 자세에서 '알라는 가장 위대하시
다'를 외운다. 이때 개경장과 코란의 다른 구절을 소리 내지 않고 외
우기도 한다.

【코란 속의 예배】

■ 믿는 신앙인들이여 술에 취하여 예배하지 말라. 너희가 무엇을 말
  하고 있는지 알 때까지 불결해서도 아니 되나 여행자는 제외라.
  너희가 아프거나 여행 중일 때 화장실에서 돌아왔을 때, 여성을
  만졌을 때, 물을 발견치 못했을 때는 깨끗한 흙 위에 따얌뭄을 하
  고 너희 얼굴과 양손을 문질러 깨끗이 하라……(제4장 43절)

■ 여행 중에는 예배를 단축해도 되나 이때는 불신자들의 공격이 있
  을까 너희가 염려될 때라. 실로 불신자들은 확실한 너희의 적이
  라.(제4장 101절)

▣ 그대가 전시에 그들 가운데서 예배를 드릴 때 일부는 무기를 소유한 채 적을 향하여 경계토록 하고 그 일부가 예배를 마쳤을 때 다른 일부를 그들의 위치로 오게 하여 그대의 후미에서 예배하도록 하며 무기를 소유하고 경계를 하도록 하라. 불신자들은 너희가 무기와 장비에 소홀히 하기를 바라매 너희를 일격에 공격하고자 함이라. 그러나 비가 오거나 몸이 아플 때는 무기를 소유하지 아니하여도 죄악이 아니지만 모두가 너희 자신들을 위해 경계하라. 실로 하나님은 불신자들을 위해 고통스러운 벌을 준비하셨노라.(제4장 102절)

▣ 예배를 행한 후에도 서 있을 때나 앉아 있을 때나 누워 있을 때 하나님을 염원하라. 위험으로부터 안전할 때는 온전하게 예배를 하라. 믿는 신도들의 예배는 정해진 그 시간이니라.(제4장 103절)

▣ 그들 재산 중에서 자선금을 받으라. 그로 하여 너희는 그들을 정화하고 순화하며 그들을 대신하여 예배하라. 실로 그대의 예배는 그들을 위한 평안함이 되리니 하나님은 들으시고 아심으로 충만하시니라.(제9장 103절)

▣ 그날의 두 편에 예배를 하고 밤이 시작하는 시각에 예배를 드리라……(제9장 114절)

- ▣ 서산에 해가 기울어 어둠이 질 때까지 예배를 올리고 새벽에도 코란을 낭송하라. 진실로 새벽의 코란 낭송은 천사가 지켜보니라.(제17장 78절)

- ▣ 한밤중에 일어나 예배를 근행함은 그대를 위한 은혜가 되리니 하나님께서는 그대로 하여 영광의 지위에 오르게 하시니라.(제 17장 79절)

- ▣ 일러 가로되 자비로우신 하나님께 구원하라. 너희가 무슨 이름으로 하나님을 부르던 하나님의 이름은 가장 아름다우니라. 그대가 예배할 때 소리를 높이지 말되 너무 낮추어도 아니 되며 그 사이의 중간을 택하라.(제17장 110절)

- ▣ 그러므로 그대는 그들이 말하는 것에 인내하며 태양이 뜨고 지기 전에 또 밤에 그대의 주님을 찬양하라. 낮에도 그분을 찬미하라 그대에게 기쁨이 있을 것이라.(제20장 130절)

- ▣ 그대에게 계시된 그 성서를 낭송하며 예배를 드리라. 예배는 수치와 그릇된 행위를 예방하여 주리라. 그리고 하나님을 염원하는 것은 생활의 가장 중요한 것으로 의심할 바 없나니 하나님은 너희가 행하는 모든 것을 알고 계시노라.(제29장 45장)

(3) 자선세(زكاة)

다섯 기둥의 세 번째는 '자카트'라고 하는 희사금(喜捨金, 연간 수입의 2.5%)이다. 원래 '자카트'는 아랍어로 '순결', '정화'란 뜻으로서 무슬림들의 모든 재산은 자카트를 납부한 후에야 '순결해진다'는 의미에서 연유한

말이다.

희사금은 이슬람의 재산에 관한 인식에서 출발한 것이다 이슬람에서 모든 재산의 최종 소유자와 주재자는 알라다. 개인의 재산은 알라로부터 잠정적으로 사용권을 위임받았을 뿐, 소유권은 알라에게 있다. 따라서 그 재산의 일부는 갹출해서 알라가 원하는 일에 쓰는 것이 주권자인 알라에 대한 응분의 보답이라고 믿는다. 따라서 무슬림들은 희사금을 반드시 수행해야 할 종교적 의무로 규정하고 있다.

다섯 기둥으로서의 희사금에는 의무적 희사금(زكاة)과 자발적 희사금(صدقة)이 있는데, 일반적으로 희사금이라고 하면 의무적 희사금을 말한다. 자발적 희사금은 글자의 의미 그대로 자발적으로 내는 희사금으로서 사원에서 예배할 때나 공공모임 등에서 액수의 제한 없이 수시로 헌사한다. 일종의 헌금이나 자선금에 해당하는 희사인 셈이다. 비록 자발적이라고는 하지만 신앙심이 깊은 무슬림들은 이것 역시 하나의 의무라고 생각한다.

희사금은 가난한 순례자나 걸식자, 빈민, 채무 변제 불능자, 가난한 여행자, 새 입교자, 희사금의 관리자 등의 구제에만 사용된다. 사원이나 학교 건설 등에는 사용할 수 없고, 가족을 포함해 다른 사람들에게 넘겨줄 수 없으며, 유산으로 남길 수도 없다.

희사금은 주로 빈민들에 대한 구제용으로서 빈부격차를 줄이고 사회적 대립과 모순을 해결하는 긍정적인 역할을 하기 때문에 빈민계층의 호응을 얻었으며 그들의 교화에 큰 역할을 했다.

희사금은 이슬람이 입지를 제대로 다지지 못한 초기(메카시대)에는 희사자의 자발적 의지와 결정에 따라 이루어졌지만 무함마드가 메디나로 성천하여 이슬람공동체를 건설하기 시작한 이후부터는 종교적 의무로 규정지었다.

이슬람이 뿌리내리기 시작하면서 공동체를 건설하고 운영하기 위해서는 많은 자금이 필요했기 때문이다. 따라서 성천한 다음해(623

년)부터 무함마드는 희사금을 종교적 의무로 규정하고 구체적인 시행책을 마련했다.

희사금은 한 해에 한 번씩 납부하는데, 과거에는 주로 사원이나 종단 같은 종교기관에 맡겼으나, 오늘날은 정부 내에 희사금을 비롯한 종교기금(أوقاف)을 전문적으로 관리·운영하는 기관을 두고 있다.

【코란 속의 자카트】

▣ 그들이 그대에게 어떻게 자선을 베풀어야 합니까고 할 때 대답하여 가로되, 부모를 위해서 친척과 고아와 구걸하는 자와 여행자들을 위해서 자선을 베풀어라. 그리하면 자선을 행하는 모든 것을 하나님은 알고 계시니라.(제2장 215절)

▣ 겸손한 말 한 마디와 관용은 마음에 괴로움을 주는 희사보다 나으니라. 하나님은 부족함이 없으며 관대하시니라.(제2장 263절)

▣ 믿음을 가진 자들이여 네가 바치는 희사를 상기시키거나 모욕하여 이를 헛되게 하지 말라. 이는 곧 사람들에게 보이기 위해서 희사를 하는 것과 같으며, 이는 하나님과 심판의 날을 믿지 않는 것과 같노라……(제2장 264절)

▣ 너희가 자선을 공개하는 것도 좋으나 남몰래 가난한 사람들에게 베푸는 자선이 더 나으니라. 이는 너희의 죄를 속죄하여 주나니 하나님은 너희가 행하는 모든 것을 알고 계시니라.(제2장 271절)

▣ 그들을 인도하는 것이 그대 의무가 아니거늘 그것은 하나님이 그분의 뜻대로 인도하시니라. 너희가 베푼 선행은 너희 스스로를 위한 것이며 하나님을 기쁘게 하는 자선이라. 너희가 베푼 선행은 너희에게 충만하여 돌아오나니 너희는 불공평한 대접을 받지 않을 것이라.(제2장 272절)

▣ 언제나 밤낮으로 알게 모르게 자선을 베푸는 자들에게는 주님

으로부터 보상이 있으며 두려움도 슬픔도 없노라.(제2장 274절)

(4) 금식(صَوم)

다섯 기둥의 네 번째는 금식이다. 이방인들이 이슬람에 대해 가장 의아해하는 부분이다. 해마다 이슬람력 9월 한 달 동안은 해 뜰 때부터 해질 때까지 먹거나 마시는 것이 일체 금지된다. 낮 시간에는 담배를 피워도 안 되고, 부부관계도 금기사항이다.

40-50도를 오르내리는 아라비아반도의 덥고 건조한 기후 속에서 물 한 모금 마시지 않고 뜨거운 태양을 견뎌내야 하는 육체적으로 가혹하리만치 힘들고, 단식으로 인한 부작용(근무시간의 단축, 능률의 저하 등)도 없지 않은데 굳이 실천 의무로까지 규정하여 결행하는 이유는 도대체 어디에 있을까? 의문이 아닐 수 없다.

이 의문에 대한 답이 있다. 1958년 이라크에서 군사 쿠데타가 일어난 후 감옥에 수감된 한 정치 지도자가 그의 아들에게 보낸 편지에는 금식의 이유에 대해 아래와 같이 쓰고 있다.

"금식은 개인적으로 알라에 대한 순종과 그의 은총에 대한 감사를 표시하는 정신적 훈련이며, 사회적으로는 가난한 사람과 약한 사람에 대한 동정과 모든 무슬림들의 연대의식과 동등의식을 권장하는 집단훈련이다."

위의 내용을 통해 볼 때, 금식은 무슬림들에게 필요한 정신적 훈련이며 사회적 훈련이다. 또한 금식은 개인의 의지를 강화하는 도덕적 훈련이며, 이를 통해 자신의 자제력을 키우고 굶주림과 목마름 등을 이겨내는 육체적 훈련이기도 하다.

이 때문에 이슬람교에서는 금식을 대단히 중요시한다. 사도 무함마드는 "누가 알라를 위해 금식을 하루 하면 알라는 그의 몸을 불지옥으로부터 70년 멀리하게 할 것이다" 하면서 금식은 알라로부터 '10배의 보상을 받는 선행'이라고 강조했다.

비록 종교적인 의무이기는 하지만, 금식에서도 이슬람 특유의 융통성과 관용성이 반영된다. 임신부나 산모, 생리 중의 여인, 노약자, 환자, 어린이, 정신이상자는 금식에서 제외된다. 여행자는 금식을 할 수 없다면 후일로 미루되, 금식을 깬 날짜만큼 따로 해야 한다.

이슬람에서의 금식은 유대교에서 영향을 받은 것으로 알려져 있다. 원래 무함마드는 이스라엘 백성들이 바로 왕의 속박에서 벗어난 것을 기념하여 모세의 명에 따라 금식을 하는 것을 보고 이슬람력 1월 10일 하루를 금식일로 정한 바 있다. 그 후 메디나에 성천한 다음해(623년)에 이슬람력 9월 한 달 동안을 금식월로 선포하고 종교적 실천의무의 하나로 했다. 비록 유대교의 영향을 받아 설정한 것이기는 하지만, 유대교와는 분위기가 사뭇 다르다. 유대교의 금식이 슬프고 우울한 기간인 데 반해, 이슬람의 라마단은 코란이 무함마드에게 계시되기 시작한 달이기 때문에 무슬림들은 축제의 달로서 환영하며 즐긴다.

따라서 라마단에는 '뽑아 들었던 칼을 칼집에 집어넣는다'는 속담처럼 서로가 말다툼도 삼가며 덕담만 한다. 라마단의 독특한 인사말 (رَمَضَان كَرِيم)도 있으며, 한국의 추석이나 설날 명절처럼 민족의 대이동이 시작된다. 하루의 금식을 깨는 저녁 식사 시간(افطار)에는 여러 사람이 사원에 모여 함께 식사를 즐기고, 집집마다 음식을 돌리면서 형제애를 과시한다. 아이들에게 새 옷과 선물을 하고 가난한 사람들에게 음식을 나누어 주며 공동체 의식을 공공이 하는 시간도 라마단이다. 금식의 고통에도 불구하고 평화와 축복이 가득한 기간이 이슬람의 라마단이다.

【코란 속의 금식】

▣ 너희 신임자들에게 단식이 의무화된 것처럼 하나님을 믿는 너희에게도 단식은 의무라. 자제함을 통하여 의로워질 것이라.(제2장 183절)

▣ 정해진 날에 단식을 행하면 되나 병중에 있거나 여행 중에 있을 때는 다른 날로 대용하되 불쌍한 자를 배부르게 하여 속죄하라. 그러나 스스로 지킬 경우는 더 많은 보상이 있으며 단식을 행함은 너희에게 더욱 좋으니라……(제2장 184절)

▣ 사람을 위한 복음으로 그리고 옳고 그름의 기준으로 라마단 달에 코란이 계시되었나니 그 달에 임하는 너희 모두는 단식을 하라. 그러나 병중이거나 여행 중일 경우는 다른 날로 대체하면 되니라. 하나님은 너희로 하여금 고충을 원치 않으시니 그 일정을 채우고 너희로 하여금 편의를 원하시니라. 그러므로 너희에게 복음을 주신 하나님께 경배하며 감사하라.(제2장 185절)

▣ 단식 날 밤 너희 아내에게 다가가는 것을 허락하노라. 그녀들은 너희들을 위한 의상이요 너희들은 그녀들을 위한 의상이니라. 하나님께서는 너희들이 은밀히 행하는 것을 알고 계시나 너희들에게 용서를 베풀고 은혜를 베푸셨노라. 그러나 지금은 그녀들과 잠자리를 같이 하되 하나님이 명하신 것을 추구하고 하얀실이 검은 실과 구별되는 아침 새벽까지 먹고 마시라. 그런 다음 밤이 올 때까지 단식을 지키고 그녀들과 잠자리를 같이 하지 말 것이며 사원에서 경건한 신앙생활을 할 것이라. 이것이 하나님께서 제한한 것이니 가까이 하지 말라. 이렇듯 하나님은

인간들이 자제함을 배울 수 있도록 계시하였노라.(제2장 187절)

(5) 순례(حج)

다섯 기둥의 다섯 번째는 성지 순례다. 어떠한 종교든지 발생지가 있는 한, 그곳이 종교의 성지가 되어 성직자들과 신자들이 순례하는 것이 일반적이 관례다. 그러나 이슬람을 제외하고는 그 어느 종교도 성지 순례를 일반 신자들이 수행해야 할 종교적 의무로 규정하고 있는 종교는 없다.

먼 옛날로부터 성지순례는 신앙을 중시하는 셈족들의 관행이었다. 이슬람이 출현하기 이전에 지금의 순례지인 메카 사원 안에 있는 카으바 신전은 인근 꾸라이쉬 부족을 비롯한 아라비아반도 유목민들의 우상들이 모여 있는 성지로서 순례의 대상이었다. 그러나 630년 메카에 무혈 입성한 무함마드는 카으바 신전 주위의 우상들을 제거하고 그곳을 이슬람의 순례 성지로 선포했다. 2년 후에 그곳을 다시 찾은 그는 카으바 신전을 참배하고 메카 주위의 여러 곳을 두루 돌아보고 나서 고별강연을 했다. 그가 참배하고 돌아본 그 내용이 그대로 순례의 의례와 절차 및 순서가 되었다.

이슬람의 다섯 기둥 중 성지순례는 무슬림들에게 가장 힘든 실천사항이지만, 실행했을 시 가장 영광스러운 명예이기도 하다. 이슬람의

순례는 건강과 재정 형편이 허용되는 성년 무슬림들이 일생에 한 번만 해도 그 의무를 수행한 것으로 높이 평가하고 있으며, 경제적 여건이 허락하지 않는 이들에게는 국가에서 경비를 지원하고 있다.

육체적, 경제적으로 과중한 부담이 따르는 어려운 실천 사항임에도 불구하고 무함마드가 순례를 종교적 의무로 규정한 목적은 이슬람의 일체성과 유대를 유지하고 강화하기 위해서였다.

세계 방방곡곡에서 온 수백만의 무슬림들이 같은 의상을 입고 한 목소리로 알라의 계시를 되뇌면서 상호간에 강한 일체감과 유대의식을 형성하기 때문이다. 이러한 일체감과 유대 의식은 오랜 기간 동안 이슬람을 유지시켜 온 힘이자 원동력이기도 하다.

바로 이런 의의 때문에 무슬림들은 순례를 가장 중요한 실천의무로 간주하고 그 수행을 최상의 영광과 보람으로 삼는다. 순례자의 이름 앞에는 반드시 순례를 수행한 사람이란 뜻의 경칭 '핫지(حاج)'란 호칭을 붙인다. 이 경칭은 '대통령'이란 직함 앞에 놓을만큼 이슬람 공동체에서 최고의 명예를 갖는 직함이다. 순례자가 돌아오는 날에는 온 마을이 축제를 벌이며, 그의 집을 흰 색칠로 단장한다는 것으로도 순례의 의미를 이해할 수 있다.

순례에는 여러 가지 종류가 있다. 규정된 기간(이슬람력 12월 8일부터 10일 사이)에 규정된 절차를 수행한 정규적인 순례(حج, 대순례)와 규정된 기간 외에 대체로 규정된 절차대로 행하는 순례(عمرة,

소순례), 임의의 기간에 몇 가지 절차만 밟는 순례(زيارة), 소순례를 한 후에 얼마 있다가 대순례를 행하는 순례(분할순례), 소순례 이후 곧바로 이어 대순례를 행하는 순례(연속순례) 등이 있다. 신앙이 돈독한 사람들일수록 분할순례와 연속순례를 수행하는 경우가 많다.

【코란 속의 순례】

■ 하나님을 위해 대순례와 소순례를 행하라. 할 수 없을 경우는 네가 할 수 있는 제물을 바칠 것이요 그 제물이 제단에 오를 때까지는 머리를 깎지 말 것이며 너희 가운데 몸이 아프거나 머리에 상처가 있을 때는 머리를 깎아도 되나 단식함으로써 또는 가난한 자들에게 음식을 주거나 혹은 제물을 바쳐 보상토록 하라. 너희가 평안할 때 희망하는 자는 소순례로부터 대순례까지 계속하고 할 수 있는 제물을 바쳐야 되며 만일 그렇게 할 수 없을 경우는 순례기간 중 삼 일간을 단식하고 집에 돌아와 일곱 날을 단식하여 열흘을 채워야 하니 이것은 성역 밖에 있는 사람들을 위한 것이라. 그리고 하나님을 공경하고 하나님의 벌이 엄하심을 알라.(제2장 196절)

■ 대순례는 명시된 달에 행하되 순례를 행하는 자는 성욕과 간사하고 사악한 마음을 갖지 말 것이며 언쟁도 하지 말라. 그리고 선행을 행하라. 그리하면 하나님께서 아실 것이라. 내세를 위한 양식을 마련하되 가장 좋은 양식은 이성이 있는 자들의 정직한 품행이라. 그러므로 현명한 자들아 나를 두려워하라.(제2장 197절)

■ 그곳에는 예증으로써 아브라함의 장소가 있나니 그곳에 들어간 자는 누구든 안전할 것이며 능력이 있는 백성에게는 순례를 의무로 하셨노라. 그러나 믿음을 거부한 자에게는 하나님께서는 만물의 절대자임을 보여 주실 것이라.(제3장 97절)

■ 하나님이 아브라함을 신전으로 인도하면서 어느 무엇도 내게 불신하지 말며 순례하는 자와 기도하는 자와 허리 구부려 예배하는 자를 위해 나의 집을 신성케 했노라.(제22장 26절)

■ 그러나 그곳으로 순례하도록 사람들에게 알려라. 그들은 걸어서 또는 낙타를 타고 먼 곳으로부터 너에게 오리라.(제22장 27절)

　이상에서 이슬람교가 종교적 의무로 제시하고 있는 다섯 가지의 내용을 개괄적으로 살펴보았다. 이 다섯 기둥은 이슬람 전반을 떠받들고 있는 '기둥'이란 의미에서뿐만 아니라, 실제로 그 속에 이슬람교의 신앙이나 제도, 그리고 무슬림들의 가치관이나 생활관이 고스란히 투영되어 있다.

　물론 이러한 내용은 경전의 계시나 선지자 무함마드의 언행을 근거로 하여 1400여 년간 굳어진 전통이고 관행이다. 그러나 이슬람사회도 여느 사회와 마찬가지로 여러 가지 현실적인 도전을 받고 있다. 특히 근·현대에 유입된 서구문명이 이슬람사회의 전통 및 현실과 융합하거나 충돌하면서 사회 도덕적 혼란 현상이 나타나고 있다.

　종교적 의무로서의 다섯 기둥도 예외는 아니다. 젊은 직장인들은 하루 다섯 번씩의 예배를 잘 지키지 않고 있으며, 희사금도 현대적인 조세제도에 밀려 변형이 불가피하다. 그리하여 이러한 전통과 현실의 갈등을 놓고 고민하는 것이 이슬람세계의 현실이다. 그러나 종교적인 실천 행동을 포함해 모든 사회문제의 포괄적 시스템을 구성하고 있는 이슬람은 특유의 관용성으로 이슬람의 전통을 끈끈히 이어가면서 현재의 문제를 해결할 실마리를 찾고 있다.

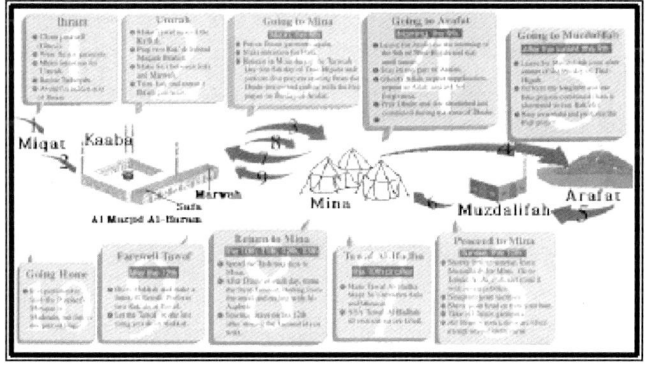

2) 6신(六信)

이슬람 신앙에는 6가지 믿음이 있다. 알라, 천사, 성서, 사도, 부활과 심판, 신의 명령(قدر)이 그것이다. 무슬림들은 이 여섯 가지를 믿고 따라야 한다.

(1) 유일신 알라

유일신 교리는 이슬람의 가장 중요한 부분이다. 알라는 자신의 단일성·유일성에 관하여, "신격에서도 하나요, 속성에서도 하나요, 사역에서도 하나"라고 하였다. 알라는, 삼위(三位)가 하나가 된 것이 아니라 처음부터 일위(一位), 즉 하나로 존재하였으며 영원히 일위인 하나로 존재한다고 하여 '하나님'이라는 것을 코란 112장("일러 가로되 하나님은 단 한 분이시고 / 하나님은 영원하시며 / 성자와 성부도 두지 않으셨으며 / 그분과 대등한 것 세상에 없노라.")에서 강조하고 있다. 또한 코란은 제3장 제1절("알라 외에는 신이 없으며 그분은 생존하시며 영원하시도다.")에서 알라의 유일성을 명시하였다.

코란에는 유일신 알라에 대한 99개의 명칭과 속성이 등장한다.

(2) 천사(ملائكة)

천사는 빛으로 창조되었으며, 먹지도 마시지도 않고 성의 구별도 없다. 천사들은 알라의 뜻에 완전히 복종하고 천국에 살며 밤낮으로 알라를 찬미하고 알라의 명령을 수행한다.

이들은 신성이나 신격이 없으며 자유의지도 없고 단지 신의 명령만을 수행하는 존재들이다. 천사들은 신과 인간의 중재 대상이 아니며 숭배의 대상은 더더욱 아니다. 모든 피조물들 가운데 천사와 혼(魂)이 가장 높으며, 하늘에는 허리를 구부리거나 부복하고 있는 천사들로 가득 차 있다. 또 모든 생명체 안에서 신의 임무를 수행하고 있다. 어떤 한 장소에만 체류하면서 다른 장소로 옮겨갈 수 없는 천사가 있는가 하면, 두 쌍, 세 쌍 혹은 네 쌍 이상의 날개를 달고 날아다니는 천사들도 있다.

천사들 사이에도 주어진 임무에 따라 서열이 있다: 가장 높은 천사들로는, 알라의 사자이며 계시의 천사인, 코란에서는 '성스러운 영혼'(الرُّوحُ القُدُسِي)이라 일컬어지는 가브리엘, 부활의 날에 나팔을 부는 이스라필, 유대인들의 보호자이며 친구인 미카일(ميخَائيل), 마지막 네 번째 서열이 죽음의 천사인 아즈라일이다.

천사와 인간 사이에는 '진(جِنّ)'이라는 존재가 있는데 이들은 아담이 존재하기 수천 년 전에 불에 의해 창조되었다.

모든 인간들에게는 네 명의 천사들이 귀속되어 있으며, 이들 중에 둘은 낮에, 다른 둘은 밤에 각 개인이 행하는 모든 선악을 기록한다. 이들은 때와 장소를 가리지 않고 각 개인을 동행하는데 우측에는 '라킵(رَاكِب)'이 착한 일을 기록하고, 좌측에서는 '아티드(عَتِيد)'가 나쁜 일을 기록한다.

무함마드는 일부 사람들이 잡신이나 자연신으로 믿는 영적인 존재들이 바로 천사들이라고 보았다. 무으타질라학파(알리의 진영으로부터 '떨어져 나온 사람들'이란 뜻이며, 정치적·종교적 중립주의자들이다 – 필자 주)는 일부 천사들이 지상에 살며 악을 완전히 극복한 존재이기 때문에 그들의 지위가 사도보다 높다고 보았다. 반면 아시아리학파는 사도들이 가슴에 악의 성향을 가지고 있으나 싸워서 극복하므로 천사보다 우위에 있다고 여겼다.

【코란 속의 천사】

■ 하나님이 천사들에게 명령하여 아담에게 엎드려 절하라 하니 모두가 엎드려 절을 하나 이블리스(إبليس)만 거절하며 거만을 부렸으니 그는 불신자들 중에 있었노라.(제2장 34절)

■ 하나님과 그분의 천사들과 가브리엘과 미카엘의 적은 누구든지 하나님의 적이거늘 실로 하나님은 믿음이 없는 자들의 대적이시라.(제2장 98절)

■ 선지자는 주님이 계시한 것을 믿으며 또한 믿음을 가진 자 그러하도다. 그들 각자는 하나님과 천사들과 성서들과 선지자들을 믿으며 우리는 선지자들을 차별하지 않도다. 우리는 청취하고 복종하며 당신의 용서를 구하나이다. 주여 여정의 종말을 당신에게로 돌리나이다.(제2장 285절)

■ 천사들이 스스로 죄지어 죽은 자들을 불러 너희들의 신앙은 어떠했느뇨라고 물으니 저희는 지상에서 허약했을 뿐입니다 라고 하더라. 이때 하나님의 영역은 방대했으니 너희는 이주할 수 있지 안 했느뇨라고 천사들이 말하더라. 그러하여 그들의 주거지는 지옥이 되어 최후의 종말이 비통하더라.(제4장 97절)

■ 천사들이 불신자의 영혼을 앗아가는 것을 너희가 보리니 그들의 얼굴과 뒤를 때리며 가로되 지글거리는 응벌의 맛을 보라.(제8장 50절)

■ 그들이 들어가는 곳은 에덴의 천국으로 그들의 선조들과 배우자들의 후손들 가운데서 선을 행한 이들과 함께 들어가게 되리

니 천사들이 각 문으로부터 들어오며.(제13장 23절)

▣ 하나님은 천사들과 사람들 중에서 선지자들을 선택하셨으니 실로 하나님은 들으시고 지켜보고 계시노라.(제22장 75절)

▣ 천사들을 보는 그날 모든 죄인들에겐 기쁨이 없으며 또 천사들이 말하리라 너희에게는 금지된 것이라.(제25장 22절)

▣ 그날 하늘이 구름과 더불어 갈라지고 천사들이 줄을 지어 내려오도다.(제25장 25절)

▣ 일러 가로되 너희를 맡고 있는 죽음의 천사가 너희를 임종케 하리니 너희는 너희 주님께로 귀의하노라.(제32장 11절)

▣ 그분과 천사들은 너희에게 축복을 주시니 너희를 암흑에서 광명으로 인도하심이라……(제33장 43절)

▣ 실로 하나님과 천사들이 사도를 축복하여 주셨으니 믿는 자들이여 그분께 축복을 드리고 정중한 인사를 하라.(제33장 56절)

▣ 하나님께 찬미를 드릴지니 그분은 무에서 천지를 창조하셨고 천사들을 두 쌍, 세 쌍, 네 쌍의 날개를 가진 전령으로 두셨으며 그분의 뜻대로 창조를 더해 가시니 실로 하나님은 모든 일에 전지전능하심이라.(제35장 1절)

▣ 아니면 하나님이 천사를 여성으로 창조한 것을 그들이 목격이라도 했느뇨.(제37장 150절)

▣ 주님께서 천사들에게 말씀이 있었노라 내가 흙으로 인간을 빚을 것이라.(제38장 71절)

▣ 그대는 옥좌를 둘러싸고 있는 천사들을 보리라. 그들은 주님을 찬미하며 영광되게 하더라……(제39장 75절)

▣ 하늘이 위로부터 벌어지고 천사들이 주님의 영광을 찬미하며 지상의 모든 인간을 위해 관용을 구하니 보라 실로 하나님은 관용과 자비로 충만하심이라.(제42장 5절)

▣ 하나님이 원하셨다면 그분은 천사들로 하여금 대지 위의 계승

자가 될 수 있게 하였으리라.(제43장 60절)

■ 하늘에는 많은 천사들이 있으되 그들의 중재는 하나님이 선택한 자에게 그분의 허락이 있는 이후가 아니고는 유용하지 못하노라.(제53장 26절)

■ 믿는 사람들이여 인간과 돌들이 연료가 되어 타고 있는 불로부터 너희 자신과 너희 가족을 구하라. 그 위에 천사가 있어 하나님께서 명령한 대로 거역하지 아니하고 명령받은 대로 엄하게 행할 뿐이라.(제66장 6절)

■ 천사들이 주변에 줄지어 있으며 그들 위로 여덟 천사가 그날 주님의 권좌를 받들고 있노라.(제69장 17절)

■ 오만 년과도 같은 하루 동안에 천사들과 가브리엘 천사가 그 분께로 올라가니라.(제70장 4절)

■ 주님이 임하시고 그분의 천사들이 줄지어 나올 때.(제89장 22절)

■ 이 밤에 천사들과 가브리엘 천사가 주님의 명령을 받아 강림하여. (제97장 4절)

(3) 성서(الكتاب)

신(神)의 책은 인간에게 약속된 선물들 중의 하나이다. 땅과 스승 그 다음이 신의 책, 성서이다. 신은 그가 선택한 어떤 성인에게는 하늘의 사자인 천사를 통해 성서를 들려주고, 어떤 성인에게는 천국에 보관된 서판을 보냈으며, 어떤 성인에게는 천사라는 중간 매체를 통하지 않고 직접 청취하도록 하였다.

무슬림들은 신이 내려준 책들이 104개라고 믿는다. 이 중 10개는 아담에게, 50개는 셋에게, 30개는 이드리스에게, 10개는 아브라함

(بها لزبل)에게 주었다. 나머지 넷은 모세에게 오경을, 다윗에게 시편을, 예수에게 복음을, 무함마드에게 코란을 주었다. 무슬림들은 모세오경, 시편, 복음서가 개악되고 변질되어 더 이상 믿을 수 없기 때문에 마지막 사도 무함마드를 통해 코란을 내려 주었다고 믿는다.

또한 신의 원서가 다시 분실되고 변질되는 것을 예방하기 위해서 코란의 번역을 금지하였다. 신의 책을 보존·유지시키는 또 다른 방법으로 모든 사람들이 원서 그대로를 암기하고 소리 내어 암송하도록 요구하고 있다. 소리 내어 읽는다는 것은 곧 신의 말씀이 들려오는 것이므로 사람과 신과의 근본적인 만남의 장소로 여겨진다. 코란이 낭송될 때 그것을 듣는 사람은 신에게 초대를 받아 신에게 귀의한다고 무슬림들은 생각한다.

【코란 속의 성서】

- ▣ 하나님은 구약과 신약을 내리셨고 앞서 온 것을 진리로 확증하면서 그대에게 그 책을 계시하노라.(제3장 3절)
- ▣ 그분은 성서와 지혜와 구약과 신약을 그에게 가르치시어. (제3장 48절)
- ▣ 성서의 백성들이여 너희들은 어찌하여 아브라함에 대해 논쟁을 하느뇨. 구약이나 신약은 그분 이후에 계시되었음을 너희들은 알지 않느뇨.(제3장 65절)
- ▣ 그들은 사도며 무학자 선지자를 따르는 이들이라. 그들은 기록서인 구약과 신약에서 그를 발견하리라. 그분은 그들에게 옳은 것을 명령하였고 그릇된 것을 금기하였으며 또 그들에게 성결한 것을 허락하시고 그들의 무거운 짐과 그들의 멍에들을 벗겨 주시니 그분을 믿고 그분을 존경하며 그분을 도와 그분에게 계시된 빛을 따르는 이들은 번성하리라.(제7장 157절)

▣ 하나님은 그분의 선지자들로 하여금 그들의 발자취를 따르도록 하였으니 마리아의 아들 예수를 보내어 그에게 신약을 주었고 그를 따르는 모든 자들의 심중에 사랑과 자비를 주었노라. 그러나 그들은 하나님이 묘사하지 아니한 그들만을 위한 수도 생활을 창안하였으나 하나님은 그분의 기쁨만을 추구하라 했을 뿐이라. 그러나 그들은 그들이 해야 할 것을 준수하지 못했더라. 그리하여 하나님은 믿는 자들에게 그들의 보상을 주었으나 그들 대다수는 사악한 자 중에 있었노라.(제57장 27절)

(4) 사도(نَبِيّ)

인간이 인간을 진리로 이끌기 어렵기 때문에 알라는 인간에게 사도를 보내었고, 인간을 인도하고 가르치기 위해 사도(رَسُول)를 보내었다. 하디스에 의하면 알라가 인간에게 보낸 사도의 수는 124,000명에 달한다고 한다. 이들 중 특별한 사명을 띠고 온 알라의 사자는 313명에 달하며, 그중 모세, 예수, 무함마드가 특별한 사명을 띠고 있었다. 이러한 모든 사도들

중 가장 높은 위치를 차지하고 있는 이는 무함마드이다. 그런데 모든 사도들은 예언자가 될 수 있지만 모든 예언자들이 사도는 아니었다.

무함마드의 영(靈)은 모든 것보다 먼저 창조되었다고 한다. 심판의 날 예수가 심판을 하기 위해 오는데 예수는 무함마드의 법에 따라 심판을 한다고 한다.

사도나 예언자의 자격은 청빈이나 고행, 수도 및 기도생활 등 인간의 헌신이나 노력에 의해 얻어지는 것이 아니라 오직 알라에 의하여 택함을 받는다. 예언자나 사도는 반드시 인간이어야 한다고 코란은

말한다. 그 이유는 알라의 계시가 전파되고 그것이 현실생활에서 어떻게 해석되며 어떻게 적용될 것인가의 모범을 제시하기 위해서라 한다.

코란은 알라의 택함을 받은 모든 사도와 예언자를 선별하여 믿거나 차별을 두어 따르는 것을 단호하게 금지하고 있다. 모든 인간은 신의 피조물로서 모두가 신 앞에서 평등하다는 것이다. 사람을 사랑하고 타인을 사랑하는 방법은 예수의 가르침을 본받아야 하고, 신을 사랑하고 찬미하는 방법은 무함마드의 가르침을 본받아야 한다는 차이점밖에는 없다는 것이 코란의 견해이다.

천상의 사도(사자)와 마찬가지로 지상의 사도도 신의 임무를 수행하는 사명으로만 제한되어 있다. 지상의 사도에게 비록 신에게서 비롯된 여러 가지 권능이 있다고 하더라도 그는 인간에 불과하므로 타인을 구원할 힘이나 권능을 가지고 있지 않다고 보았다. 따라서 모세나 예수, 무함마드를 비롯한 어떤 사도나 예언자도 신앙과 구원의 대상이 될 수 없다고 이슬람은 본다. 그래서 이슬람에서는 기독교처럼 비적을 줄 수 있는 권능을 지닌 교회 제도나 성직자 제도를 철저히 배제하고 있다.

한편 코란에는 알라의 사도들 중 가장 중요한 25명의 이름이 등장한다: 아담(آدَم), 모세(مُوسَى), 노아(نُوحُ), 데이비드, 솔로몬(سُلَيْمَان), 살레(صَالِح), 요나(يُونُس), 롯(لُوط), 욥(أَيُّوب), 에녹(إِدْرِيس), 이스마엘(إِسْمَاعِيل), 엘리야(일리야스), 아브라함(إِبْرَاهِيم), 이삭(إِسْحَاق), 자카리야(زَكَارِيَة), 요셉(يُوسُف), 요한(يَحْي), 야곱(يَعْقُوب), 아론(هَارُون), 제쓰로(شُعَائِب), 예수(عِيسَى).

(5) 부활과 심판

코란에서는 죽음과 부활, 최후심판, 천국, 지옥에 대해 상세히 설명하고 있다. 인간이 죽을 시간이 되면 죽음의 천사 아즈라일이 나타난다. 천사는 영을 목구멍까지 끌어내어 독이 있는 창으로 꿰뚫어 몸에서 완전히 분리시키고 영을 쥐어 잡는다. 인간이 죽어 매장된 직후에  는 두 천사가 무슬림이든 아니든 그의 무덤을 방문한다. 그리고 이들은 죽은 자의 믿음을 알라의 유일성과 무함마드의 신적 사명에 비추어 조사한다.

정확히 언제 부활이 이루어지는가에 대해서는 아무도 알 수가 없다. 오직 알라만이 알고 있을 뿐이다. 그날이 오면 별들이 빛을 잃고 하늘이 쪼개지며 산들이 먼지가 되어 날린다. 최후의 날이 다가옴은 나팔소리로 알 수가 있다. 첫 번째 나팔소리가 울리면 알라가 원하는 자를 제외한 하늘과 땅에 있는 자 모두 의식을 잃는다. 두 번째 나팔소리가 들려오면 알라가 원하는 자를 제외한 모든 피조물은 죽는다. 모든 피조물은 첫 번째 나팔소리와 두 번째 나팔소리의 중간(حزرخ)에 머문다.

부활의 나팔소리가 난 직후 인간의 혼은 그들의 육체를 수리하며, 모든 육체는 심판의 장소로 가기 전에 수선된다. 심판은 알라 앞에 등장, 회계장부 열람, 심문, 회계, 저울에 다는 순서로 이루어진다.

하디스에 의하면 부활의 날에 일어나는 최초의 인간은 무함마드라고 한다. 무함마드는 알라의 오른쪽에 서게 되며, 다른 사도들은 그의 깃발 아래 정렬한다.

이슬람에서 지옥은 벌과 고통이 있는 곳으로, 안 믿는 자는 물론 믿는 자도 예외 없이 지옥에 들어가야 한다. 믿는 자는 지옥의 열을 느끼지 않고 재빨리 그곳을 통과할 수 있지만, 안 믿는 자는 영원히 그곳에 머물게 된다. 지옥은 일곱 개의 층, 즉 사악한 신자가 벌을 받는 곳, 유대교인들이 가는 곳, 기독교인들이 가는 곳, 사비교도가 가는 곳, 조로아스터교도가 가는 곳, 우상숭배자가 가는 곳, 이슬람 위선자들이 가는 곳으로 구성되어 있다.

이슬람에서는 천국과 지옥 사이에 일종의 칸막이벽이 있다고 본다. 그곳에는 천국에 들어가고 싶지만 아직 들어가지 못한 사람들이 머문다. 그들은 이곳에서 천국과 지옥에 들어가는 사람을 볼 수 있다.

이슬람은 움마(أُمَّة) 안에서 구원이 성취된다고 믿는다. 즉 무슬림의 구원은 알라를 믿고, 무함마드를 알라의 마지막 사도로 믿으며, 이슬람의 다섯 기둥에 따라 선행을 베풀고, 알라가 명한 명령에 따라 진정한 공동체를 건설할 때 성취된다.

(6) 까다르(قَدَر)

까다르(신이 정한 명령, 정명)는 절대적인 명령, 즉 정해진 명령이다. 모든 무슬림은 알라의 절대적인 명령, 선과 악에 대한 명령을 믿어야 한다. 무슬림들은 알라가 선과 악, 믿음과 불신은 물론 모든 것을 영원부터 명하였다고 믿는다. 지금까지 이루어진 것과 일어날 것도 전적으로 알라의 예지와 주권적 의지에 달려 있다고 본다. 알라의 뜻과 의지에 의하지 않고서는 나무에서 나뭇잎이 떨어질 수도 없으며, 벌레가 땅 위를 기어 다닐 수도 없다. 모든 인간의 운명은 정해져 있으며, 그 운명은 알라만이 알고 있다.

"모든 인간은 40일 동안 그의 어머니 자궁 안에 붙어 있다가, 곧이어 40일간 피가 응고된 후에, 또 그 후 40일 동안 약간의 살이 붙는다. 그리고 나서 알라가 자궁의 천사를 보내어 태아에게 4가지, 즉 재산의 배당, 식량의 많고 적음, 생명의 길고 짧음, 미래 세상에서의 행복 또는 불행을 정해준다.

4. 이슬람종파와 기독교

1) 순니파

'순나(سُنَّة)'는 이슬람 이전의 관습·전통을 의미하며 이슬람에서는 '무함마드의 언행'을 뜻한다. 따라서 순니(سُنِّي)라 함은 무함마드의 언행을 따르는 사람들로서, 쉬아(شِيعَة)파가 형성된 뒤 하디스를 인정하고 4명의 정통칼리파를 지지하며 네 법학파(한발리학파, 말리키학파, 하나피학파, 샤피이학파)의 어느 한 편에 속하는 사람들을 일컫게 되었다. 순니 무슬림은 누구나 이 넷 가운데 하나를 따라야 한다. 전 세계 무슬림의 90% 이상을 차지하고 있기 때문에 정통파로 여겨진다.

순니파와 쉬아파의 차이점을 간단히 살펴보면, 순니파는 4명의 정통 칼리파를 사도 무함마드의 합법적 후계자(خَلِيفَة)로 인정하는 반면, 쉬아파는 무함마드의 사위였던 제4대 칼리파 알리와 그 후손만을 무함마드의 후계자(إِمَام)로 인정한다. 또한 순니파는 무함마드에 의해 건립된 신정국가를 세속의 통치영역으로 오랫동안 이해해 왔기 때문에 이슬람의 지도권에 대해서도 신의 질서나 영감이 아닌 당시 이슬람

세계의 지배적인 정치현실에 의해 결정된다고 생각했다. 이러한 입장 때문에 순니파는 역사적으로 메카의 지배 가문을 인정했으며, 종교적 관행을 보장하고 질서를 유지하는 경우라면 어떠한 칼리파의 통치라도 용인했고 외국인 칼리파의 지배까지도 수용했다. 따라서 순니파 교도는 무함마드의 일족인 꾸라이쉬 부족 출신이 칼리파가 되어야 한다고 주장하면서도, 반  면에 혈통에 상관없이 사실상의 칼리파에게 충성을 바치는 것을 허용할 정도로 융통성을 가지고 있었다.

순니파의 중요한 교리는, 코란이 창조된 것이 아니며 영원체라는 것이다. 이와 같은 순니파의 신조를 가장 먼저 명문화한 것은 '피끄흐 아크바르 1'(820-840)이다. 이것은 10개 조항으로 된 조그마한 책으로서 카와리지파, 까다리야파(자유의지 추종자들), 쉬아파, 자흐미야파 등에 반대하는 내용을 담고 있다. 그 후 보다 완벽한 '피끄흐 아크바르 2'(900-950)가 작성되었고 신의 속성을 규정하는 항목이 추가되었다. 이들 '피끄흐 아크바르 1, 2'는 다른 종파와의 구분점을 밝힘으로써 순니의 입장을 명백히 한 것이다. 즉 신자가 죄를 범했다고 해서 비신자가 될 수 없으며 행위가 믿음의 일부는 아니라는 입장이다. 또 믿음은 증감되는 것이 아니며, 코란의 영원성을 믿어야 하고, 제3대 칼리파 우쓰만이 제4대 칼리파 알리보다 우위에 있다는 내용도 들어 있다.

순니 신학을 발전시킨 대표적 신학자는 아슈아리(873-935)이며, 순니파의 연구 중심지는 압바시야 왕조에서는 바그다드였으나, 압바시야 왕조가 멸망한 뒤로는 카이로의 아즈하르대학(972년 설립)으로 옮겨져 오늘에 이르고 있다.

2) 쉬아파

쉬아(شيعة)는 아랍어의 '분파'라는 의미이며, 쉬아파는 순니파(派)와 더불어 이슬람교의 2대 종파로서 순니파(정통파) 이외의 분파를 총칭한다.

무함마드 사후의 후계자 선정에 관한 의견 차이로 인해 분파가 생겨났으며, 순니파가 무함마드의 후계자를 4대 정통칼리파들과 역대 칼리파 왕조의 칼리파로 보는 데 반하여, 쉬아파는 무함마드의 사위이며 제4대 정통칼리파인 알리(ع)만을 정통칼리파로 보았다. 그 성립은 당초 정치적인 동기에서 이루어졌으나, 나중에 이교적 요소가 다분히 혼입되어 수피즘과 같은 신비주의적 색채가 가미되었다. 그 유파는 아주 많아 순니파에 가까운 자이드파와 12이맘파(알리, 하산, 후세인……이스마일……무함마드 알무타즈르), 7이맘파(이스마일파) 등이 있는데, 7이맘파에서는 암살교단으로 악명 높은 알라위파(또는 누사이리파)와 시리아·레바논에 현존하는 드루즈파와 같은 특이한 유파가 생겨났다.

사도 무함마드 사후 그의 후계자 선정 문제로 움마 내부의 정세가 혼란스러울 때 알리의 지지 세력도 어느 정도 존재하였다. 알리의 추종자들은 사도의 죽음과 동시에 그를 후계자로 추대하는 데는 실패하였지만 계속 정치세력으로 남아 제3대 정통 칼리파 우쓰만이 암살된 후 알리를 제4대 칼리파로 선출하는데 성공하게 된다. 661년 알리가 살해되고 알리의 최대 정적(政敵)이었던 무아위야(재위기간 661-680)가 칼리파로 즉위한 뒤 알리의 수도였던 이라크의 쿠파를 중심으로 알리의 지지자들은 둘째 아들인 후세인(658-680)을 칼리파로 추대하려고 불러들였다. 그러나 후세인과 그의 소규모 추종자 부대는 쿠파 부근 카르발라에서 이라크 총독의 군대에게 몰살당했다. 이때까지만 해도 이 세력은 칼리파직을 계승하기 위해 우마위야 왕조의 집권세력에 저항하는 정치집단이었다. 그래서 '알리의 당'이란 뜻의 '쉬아 알리'로 불리게 되었고 간단히 '쉬아'가 되었다.

후세인이 죽은 후 알리파는 무크타르(المُخْتَار)의 지휘 아래 후세인의 복수를 외치며 반란을 일으켰다. 무크타르의 반란은 아랍인 지배자들에 의해 차별대우를 받고 있었던 비아랍계 이슬람교도(مَوَالٍ)들의 지지를 받았다. 그러나 무크타르의 반란은 실패로 돌아갔고, 그 결과 알리파의 성격이 정치적인 성향에서 벗어나 종교적인 색채를 띠기 시작했다. 무크타르가 죽은 후 거의 50년 동안 알리파의 정치적 활동은 표면적으로 나타나지 않았다. 이 기간 중에 알리파의 종파적 교리가 발전하였으며, 이 시기가 바로 쉬아파의 태동기라 할 수 있다. 이때 이맘은 사도의 혈통만이 될 수 있다는 교리가 생겼다.

750년 우마위야 왕조(661-750)가 무너지고 압바시야 왕조(750-1258)가 세워질 때 쉬아파가 도움을 주었지만 알리의 자손 중에서 칼리파가 된 사람은 없었다. 그러나 알리는 순니파 이슬람의 위대한 영웅으로 명예 회복이 되었고, 알리와 사도 무함마드의 딸인 파띠마(فَاطِمَة) 사이의 자손들은 '사이이드(سَيِّد)'(주인, 신사라는 의미를 가지고 있으며, 사도 무함마드의 자손들을 부르는 경칭으로, 현재는 주로 영어의 Mr.라는 의미로 사용된다-필자 주) 또는 '샤리프(شَرِيف)'(뛰어난, 고귀한이라는 의미이며, 사이이드와 같이 사도 무함마드의 자손들을 부르는 경칭이다-필자 주)라는 경칭을 얻었다. 이때 이맘은 반드시 후세인의 자손에게만 한정되어야 한다는 쉬아파 교리가 생겨났다.

쉬아파는 16세기 초반, 이란의 사파위 왕조(사파비 왕조, 1501-1732)

가 출현할 때까지 이슬람 세계의 어느 곳에서나 소수파로 머물렀다. 사파위 왕조는 쉬아파 이슬람교를 유일한 합법 신앙으로 인정하고 아제르바이잔의 터키인, 이란의 페르시아인, 그리고 이라크 본토의 아랍인들을 수용했다. 이들은 12이맘파였으며 이 종파를 강력한 종파로 발전시켰다. 20세기 후반에 쉬아파는 특히 이란에서 이슬람 근본주의의 주류를 형성했다.

3) 이슬람과 기독교

(1) 유대교, 기독교, 이슬람의 뿌리는 하나

원래의 변하지 않는 계시들이 아브라함에게 내려졌고 아담 이후에 온 모든 사도들은 오직 한 분뿐이신 하나님으로부터 왔다. 세 종교의 많은 신념들과 가치들의 유사함이 이들의 공통적인 기원으로 설명된다.

아브라함은 코란에서 가장 위대한 사도들 중의 한 분으로 언급되며 "하나님의 친구"로 존경받는다. 아브라함과 그의 장남 이스마일(기독교에서는 이삭을 아브라함의 장남이라 주장한다 - 필자 주)은 오늘날 사우디아라비아의 메카에 경배의 장소인 카으바를 건설하도록 하나님으로부

터 명령을 받았다. 카으바는 하나님을 경배하기 위한 성소로 건설된 바위 건축물이다. 코란은, 하나님이 이곳을 방문하도록 모든 인류를 소환할 것을 아브리함에게 명령했고, 오늘날 그곳으로 순례를 갔을 때 아브라함이 부름에 답하였듯이 "주여, 말씀만 하십시오"라고 말한다. 카으바는 모든 무슬림들이 하나님을 향해 기도하는 경배의 중심지인 것이다.

(2) 이슬람의 예수관

예수의 탄생부터 성장과정까지, 어머니 마리아를 간음한 여자로 매도하여 비방한 유대인들에게 그의 어머니를 변호하기 위해 요람 속에 있던 젖먹이 예수가 말한 것을 비롯하여 문둥병 환자를 고치는 등 성경에서 언급하고 있는 예수에 관한 이야기가 코란에도 그대로 기록되어 있다. 코란은 예수를 믿지 않으면 천국에 들어갈 수 없다고 하며, 예수가 부활해서 심판의 날 재림한다고 한다.

그런데 성경과 코란이 타협할 수도 양보할 수도 없는 근본적인 문제가 한 가지 있다. 남자와 접촉 없이 처녀의 몸을 통해서 태어난 예수를 인성(人性)으로 볼 것인가, 아니면 신성(神性)으로 볼 것인가 이것이 두 성서 간에 풀 수 없는 문제이다.

남자와 접촉하지 않고도 처녀가 아이를 낳았다면 믿을 사람이 있을까? 남자의 정자 없이 여자의 난자만으로 아이를 낳을 수 있다는 과학적 연구가 아직 뒷받침되지 않고 있지만, 성경과 코란은 마리아라는 처녀가 남자와 접촉한 사실이 없는데도 예수라는 아이를 득남했다고 주장하고 있다. 동정녀 마리아가 아기를 낳으니 그의 이름을 예수라 하였고, '축복의 기름으로 부어짐을 받은 이'란 메시아(Messiah) 칭호를 부여하면서 메시아 예수를 믿고 따르는 사람이어야 신의 사랑과 자비를 받는다고 코란은 설명하고 있다. 또한 예수에게 계시된 복음서를 믿지 않고는 완전한 신을 발견할 수 없다는 것이 코란의 가르침이다. 예수가 신의 선택을 받아 이 땅에 온 것은 변형된 구약성서의 내용을 바로 잡아 이스라엘 백성에게 길을 안내하고 모세의 율법을 실현하기 위해서이다. 만일 구약성서의 내용이 변질되지 아니하고 구약의 원 성서가 그대로 보존되었다면 예수는 이 땅에 올 필요가 없었다. 예수가 행한 많은 기적을 믿어야 한다는 것도 코란의 가르침이다. 이미 죽은 사람을 살렸다는 기적으로부터 장님의 눈을 뜨게 한 기적 등이 언급되어 있다.

이스라엘 자손들이 예수를 음모하여 살해하려 하였고, 유대인들이 예수를 간음한 여자의 아들로 간주하여 그를 불신한 것은 신에 대한 큰 모독이며, 모세의 율법을 배반한 이스라엘 백성은 저주받은 백성이므로 선민이 될 수 없다고 코란은 말한다.

예수는 성스러운 혼으로 보호를 받았다는 기록이 코란에 자주 언급되고 있다. 이 문구를 '성신'이란 의미로 해석했을 경우는 기독교 신학의 삼위(三位) 가운데 하나와 유사하다고 할 수 있다. 그러나 코란 해석자들은 이 문구를 가브리엘 천사장으로 해석하면서 예수를 인성으로 규정하고 있다.

이는 예수의 탄생을 아담이나 이브의 탄생과 연계시켜 해석하고 있기 때문이다. 아담의 아내 이브는 여성의 난자 없이 아담이라는 총각의 몸에서 만들어진 여성으로 성경과 코란 두 성서의 해석은 일치하고 있다. 여성의 접촉 없이 탄생된 이브를 신성으로 보지 않는 것처럼 예수도 신성으로 볼 수 없다는 것이다. 남자의 몸을 스치지 않고 태어난 처녀의 아들을 예수라 한다면, 여자의 몸을 접촉하지 않고 태어난 총각의 딸을 이브라 말할 수 있다. 그리고 남자의 몸도,

여자의 몸도 접촉하지 않고 탄생한 아담은 신의 아들이라고 말할 수밖에 없다. 그러나 아담을 신성으로 보지 않고 완전한 인성으로 보는 것처럼, 또 여자 없이 태어난 이브가 신성이 아닌 것처럼, 예수의 탄생도 신성이 아니라는 것이다. 남자 없이 여자의 몸에서 태어난 예수를 신성이라 할 수 있다면 여자 없이 남자의 몸에서 태어난 이브는 어떻게 설명할 것이며, 더더욱 남자와 여자도 없이 태어난 아담은 완전한 신성으로 볼 수 있는가라는 가설을 제시하면서, 예수의 신성을 부인하고 예수를 신성으로 믿는 것은 신에 대한 큰 죄라고 코란은 언급하고 있다.

예수가 서기 27년부터 30년까지 3년 남짓 활약한 것을 제외하면 그의 생애, 특히 마지막 생애에 관한 그의 사생활은 너무나 많은 신비와 베일에 싸여 있다. 예수가 십자가에 못 박혀 일생을 마쳤으며, 장사 지낸 지 사흘 만에 상처 입은 그대로 일어나 주위를 걷다가 그의 제자들과 대화를 나누고 음식을 먹은 후 그의 몸이 하늘로 승천하였다는 기독교신학 이론에 대하여, 코란은 예수의 부활과 재림을 가르치고 있으면서도 예수가 십자가에 못 박혀 생을 마쳤다는 부분에 대하여는 다른 이론을 전개하고 있다. 유대인들이 예수 그리스도를 살해할 수도 없었을 뿐만 아니라, 십자가형을 진 것은 예수가 아니라 그를 음모 살해하려 했던 유대인 두목으로 해석하고 있다. 유대인들이 예수를 살해할 음모를 꾸몄을 때 신은 이미 예수를 보호할 계획을 세웠다는 것이다. 즉 신의 완전한 능력으로 유대인 두목을 예수의 형상으로 나타나게 하자 유대 병사들이 그를 예수로 착각하고 그에게 십자가형을 내리고, 메시아 예수는 부활시켜 세제한 후 심판의 날 재림하는 그날까지 신을 부정한 무신론자나 다신론자들에 대한 증인으로 하늘에 두었다는 것이다.

코란에서 예수의 죽음에 대한 기록은 발견되지 않는다. 이로 인하여 자연사했을 것이라고 보는 신학자가 있는가 하면, 예수의 죽음을 부정하고 영혼과 육신이 아직 살아 있어 세상의 종말이 되기 바로 전에 재림하여 그가 유대인들에게 붙잡혀 십자가에 못 박혀 죽지 않았다는 사실에 대해 증언을 하고 신의 심판을 준비하신 후 부활 전날 사망한다고 보는 이슬람 신학자들도 있다.

【코란 속의 예수】

- 하나님은 모세에게 성서를 주었고 그를 이어 사도들을 오게 하였으며 마리아의 아들 예수에게 권능을 주어 성령으로 그를 보호케 하였노라……(제2장 87절)
- 말하라 우리는 하나님을 믿고 우리에게 계시된 것과 아브라함과 이스마엘과 이삭과 야곱과 그리고 그 자손들에게 계시된 것과 모세와 예수가 계시받은 것과 선지자들이 그들의 주님으로부터 계시받은 것을 믿나이다. 우리는 그들 어느 누구도 선별치 아니하며 오직 그분에게만 순종할 따름이라.(제2장 136절)
- 이들 선지자들에게 하나님은 은혜를 달리하였나니 어떤 선지자에게는 하나님의 말씀이 계셨고 다른 선지자들은 지휘를 올렸나니 하나님은 마리아의 아들 예수에게 예증을 주어 그를 성령으로 강하게 하였노라……(제2장 253절)
- 천사들이 말하길 마리아여 하나님께서 너에게 말씀으로 복음을 주시니 마리아의 아들로서 그의 이름은 메시아 예수이니라. 그는 현세와 내세에서 훌륭한 주인이시오 하나님 가까이 있는 자 가운데 한 분이라.(제3장 45절)
- 예수가 그들의 불신을 알고 소리쳐 가로되 누가 하나님의 편에서 나를 따를 것인가. 그들이 대답하여 가로되 저희가 하나님을 따르는 자들이며 하나님을 믿고 저희가 무슬림임을 증언하나이다 라고 하더라. (제3장 52절)

▣ 하나님이 말씀하사 예수야 내가 너를 불러 내게로 승천케 한 너를 다시 임송케 할 것이라. 불신지들로부터 세제하며 너를 따르는 자 부활의 그날까지 불신자들 위에 있게 하리라. 그런 다음 너희는 내게로 돌아오나니 너희가 달리한 것에 대해 가름을 하여 주리라.(제3장 55절)

▣ 우리는 하나님을 믿고 우리에게 내려진 계시와 아브라함과 이스마엘과 이삭과 야곱과 그 자손들에게 내려진 율법을 믿으며 모세와 예수와 사도들에게 내려진 율법을 믿으며 사도들을 구별하지 아니하며 하나님만을 믿는다 말하라.(제3장 84절)

▣ 마리아의 아들이며 하나님의 선지자 예수 그리스도를 우리가 살해하였다라고 그들이 주장하더라. 그러나 그들은 그를 살해하지 아니하였고 십자가에 못 박지 아니했으며 그와 같은 형상을 만들었을 뿐이라. 이에 의견을 달리하는 자들은 의심이며 그들이 알지 못하고 그렇게 추측을 할 뿐 그를 살해하지 아니했노라.(제4장 157절)

▣ 하나님께서 그를 오르게 하셨으니 하나님은 권능과 지혜로 충만하심이라.(제4장 158절)

▣ 성서의 백성들이여 너희 종교의 한계를 넘지 말며 하나님에 대한 진실 외에는 말하지 말라. 실로 예수 그리스도는 마리아의 아들이자 하나님의 선지자로서 마리아에게 말씀이 있었으니 이는 주님의 영혼이었노라. 하나님과 선지자들을 믿되 삼위일체설을 말하지 말라 너희에게 복이 되리라. 실로 하나님은 단 한 분이시니 그분에게는 아들이 있을 수 없노라. 천지의 삼라만상이 그분의

것이니 보호자는 하나님만으로 충분하니라.(제4장 171절)

- ▣ 예수는 마리아의 아들로서 선지자일 뿐 이는 이전에 지나간 선지자들과 같음이라. 그의 어머니는 진실하였으며……(제5장 75절)

- ▣ 이스라엘 자손 가운데 믿음을 배반한 자들은 다윗과 마리아의 아들 예수의 혀를 통하여 저주받았더라. 그들은 거역했고 죄악을 범했기 때문이라.(제5장 78절)

- ▣ 하나님은 그분의 선지자들로 하여금 그들의 발자취를 따르도록 하였으니 마리아의 아들 예수를 보내어 그에게 신약을 주었고 그를 따르는 모든 자들의 심중에 사랑과 자비를 주었노라. 그러나 그들은 하나님이 묘사하지 아니한 그들만을 위한 수도 생활을 창안하였으나 하나님은 그분의 기쁨만을 추구하라 했을 뿐이라. 그러나 그들은 그들이 해야 할 것을 준수하지 못했더라. 그리하여 하나님은 믿는 자들에게 그들의 보상을 주었으나 그들 대다수는 사악한 자 중에 있었노라.(제57장 27절)

제2장 아랍어

1. 아랍어란

아랍어는 아랍연맹에 소속된 22개 국가의 공식어로서 사우디아라비아, 예멘, 쿠웨이트 등의 아라비아반도의 국가와 이라크, 요르단, 레바논, 시리아, 팔레스타인 등의 레반트 지역('해가 뜨다'라는 뜻이며, 동부 지중해 연안에 있는 시리아와 레바논을 가리킨다- 필자주)의 아랍국가 그리고 모로코, 알제리, 튀니지, 이집트, 수단, 리비아 등의 북부 아프리카 국가들의 공식어이자 민족어이다. 현재 이 지역에서 아랍어를 모어로 하는 인구수는 3억이 넘는다.

아랍어는 21세기 현재 UN의 6개 국제공용어(영어, 프랑스어, 스페인어, 중국어, 러시아어, 아랍어)로 지정되어 국제무대에서 사용되고 있는 주요 언어 중의 하나이다.

또한 아랍어는 전 세계 56개 이슬람국가들의 종교언어이기도 하다. 현재 전 세계에 약 16억이 넘는 무슬림들은 인종과 민족, 언어를 불문하고 이슬람교의 종교어로 아랍어를 배우고 있다. 아랍어를 이해하고 아랍어로 된 코란을 암송하는 것은 무슬림의 기본적인 종교적 의무인 것이다.

아랍어는 중세 이후부터 그리스어, 라틴어, 불어, 영어 등과 함께 세계의 주요한 언어 중의 하나로서 광범위하게 사용되어 왔고 화려한 문화유산을 간직하고 있다. 아랍어는 아랍 이슬람국가들의 문화적인 통일과 지속성을 보존하는 데 큰 기여를 했고, 아랍의 전성기 뿐만 아니라 쇠퇴기에도 그들의 문화적 우수성과 업적을 기록해 왔다. 13세기 이후 약 5세기 동안 계속된 아랍 이슬람국가의 오랜 암흑기 동안에도 아랍어에 대한 아랍 무슬림들의 애정은 약화되지 않았으며, 수세기에 걸쳐서 아랍어의 기원, 타 언어와의 관계, 문법적 특징과 장점, 종교와 교육 수단으로서의 기능 등 언어의 내외적인 특징에 대한 세밀한 연구를 해왔다.

아랍어가 전 시대를 통해 아랍인과 무슬림의 존경을 받을 수 있는 근본 원인은 아랍어가 천상의 신성한 언어라는 종교적 믿음과 함께 사상과 감정을 표현하는 독특하고 웅변적인 언어라고 생각하기 때문이다. 하나님의 말씀인 코란이 아랍어로 기록되었다는 사실은 아랍인들의 이러한 믿음을 더욱 굳건히 하고 있다.

오늘날 아랍세계가 사회적 불안과 정치적 분열에 휩싸여 있지만, 아랍어는 모든 아랍인들에게 여전히 존경을 받고 있으며 아랍인들을 결속하는 강력한 매듭으로서의 기능을 하고 있다. 아랍어는 아랍 이슬람공동체(الأمّة)의 문화와 민족 부흥의 매개체로서 그 중요성을 지니고 있는 것이다.

아랍인들에게 아랍어의 의미는, ① 예술적이며 정확한 표현 매개체로서의 아랍어, ② 종교 수단으로서의 아랍어, ③ 문화 매개체로서의 아랍어, ④ 민족주의 기둥으로서의 아랍어라는 측면을 통해서 보다 구체화될 수 있을 것이다.

(1) 예술적이며 정확한 표현 매개체로서의 아랍어

이슬람 이전 시대 아라비아반도의 언어 전통에 있어 가장 주목할 점은 아랍어로 된 시어(詩語)의 발달이다. 부족 중심과 유목 생활의 전통으로 인해 아랍인들 사이에서 일찍부터 발달한 아랍 시는 여러 부족들의 삶에 특별한 위치를 차지하고 있었을 뿐만 아니라 그들을 결속시키는 역할을 했다. 이슬람 이전의 시(قصيدة)는 아랍인들의 가장 소중하고 예술적인 표현이었으며, 오늘날까지도 아랍인들에게 가장 소중한 문화적 유산으로 여겨진다. 아랍인들이 개인과 집단의 정체성을 시를 통해 표출한 것은 시가 아랍인들의 예술적, 지적, 정신적 가치를 가장 잘 표현해 주고 있었기 때문이다. 사도 무함마드(570 - 632) 시대 이후 아랍 이슬람 사회에서 시작(詩作)을 않거나 유명한 시인들과 교분을 가지지 않는 학자들은 거의 없을 정도였다.

시의 중요성은 각 부족 시인들이 자신의 부족에서 많은 존경을 받고 있었다는 점으로도 증명된다. 현대에 와서도 아랍인들은 "시 한 행과 서구의 비행기를 맞바꾸자"라고 할 정도로 시에 대한 강한 애착과 긍지를 가지고 있다.

시는 아랍어의 성문화와 표준화의 모델로서 코란에 이어 두 번째의 중요성을 가지는데, 이는 가장 정확하고 아름다운 표현들을 시에서 찾을 수 있기 때문이다. 게다가 시에 대한 예술적 가치의 인식과 웅변, 자신을 정확하게 표현할 수 있는 능력은 이슬람 이전과 이슬람시대(622 - 현재)에 완벽한 인간의 기본적인 요건 중의 하나로 간주되었다.

당시의 시어는 개별 부족의 부족어가 아닌 모든 아랍 부족들이 이해할 수 있는 공통어가 사용되었으며, 이 공통어는 아랍어의 성문화 과정을 거치면서 고전 아랍어(코란의 언어)의 근간이 되었다.

(2) 종교 수단으로서의 아랍어

코란은 아랍어의 우수성을 간직한 대표적인 성취로 간주된다. 코란의 편찬은 아랍어의 급속한 발달과 보급을 촉진시켰고, 아랍어를 아라비아반도의 일개 변종에서 중세와 현대의 가장 중요한 언어 중의 하나로 발전시키는 데 기여했다.

무슬림 학자들은 코란이 오직 아랍어만으로 전달할 수 있는 우수한 성질을 가지고 있기 때문에 다른 언어로 번역될 수 없으며, 코란에는 외래어가 없다고 주장한다. 고대 아랍의 시인이며 평론가인 아부 우바이다(?-825)는 "코란에 아랍어가 아닌 다른 무엇인가가 있다는 것은 하나님에 대한 중대한 잘못을 저지르는 것이다"라고 단정지을 정도로 단호한 입장을 보였다. 의미와 단어, 심지어 아주 사소한 부분까지 코란의 신성함에 대한 주장은 아랍어가 하나님의 선물이라는 점과 아름다움과 풍부함, 고귀함에 있어 다른 어떤 언어보다 우수하다는 신념과 깊이 관련되어 있다.

무슬림 학자들은 아랍어 문자 역시 하나님의 선물이며, 이는 아담에 의해 진흙에 최초로 쓰였고, 대홍수 이후에는 이스마엘에 의해 사용되었다고 주장한다. 즉 아랍어는 모든 언어의 어머니이며, 천국에서 하나님이 아담에게 가르친 언어인 것이다. 아담이 하나님을 거역했을 때 하나님은 그의 특권인 아랍어를 빼앗고 대신 그에게 시리아어를 가르쳤다고 한다.

중세 아랍의 언어학자이며 사전 편찬가인 이븐 만주르(1232-1311) 역시 그의 저서 『리산 알-아랍』의 서문에서 "하나님은 다른 어느 언어보다 아랍어를 우수하게 만들었으며, 코란의 계시와 천국 사람들의 언어로 사용하게 함으로써 이를 더욱 발전시켰다"고 말한다. 또한 "하나님은 아랍어를 모든 언어 중 가장 고귀하고 풍부한 언어로 만들었다. 다른 모든 언어가 한 가지 사물을 한 가지 어휘로 표현하는 데 반

해, 아랍어에는 수백 개의 표현이 있다. 예를 들면 '칼'은 8백 개, '사자'는 5백 개, '뱀'은 2백 개의 어휘가 있다. 아랍어는 너무도 방대하기 때문에 결코 사어(死語)가 될 수 없고, 사도 무함마드를 제외하고는 그 어느 누구도 아랍어를 완전히 터득할 수 없다"고 주장했다.

이러한 믿음은 충실한 종교적인 헌신과 연관되어 있다. 이러한 종교적인 헌신은 코란을 통해 계시된 아랍어의 우수성에 대한 믿음과 하나님의 언어를 배우고 재구성할 필요성에 대한 믿음을 구성하는 중요한 요소이다.

(3) 문화 매개체로서의 아랍어

아랍어는 아라비아반도는 물론 스페인 안달루시아와 시실리를 포함한 전 이슬람제국의 문학어(literary language)였으며 문화어였다. 중세시대 아랍어와 이슬람은 광활한 제국의 다양한 종교와 인종을 통일시키는 통합 요소였으며, 이러한 전통과 믿음은 지금도 계속되고 있다.

특히, 스페인 안달루시아에서 문어체 아랍어가 기독교도와 무슬림들 간의 종교적인 불화, 아랍인들 간의 내부 분열, 아랍인과 베르베르인들 간의 대립, 계속되는 전쟁, 수많은 아랍 방언들과 라틴방언의 사용 등과 같은 어려운 상황 속에서도 널리 보급되었다는 점은 역사적으로 불가사의한 사건 중의 하나라 할 수 있다.

스페인 안달루시아와 시실리는 아랍어에서 라틴어로의 활발한 번역활동의 중심지로서, 동서양 간 문화적 삼투압의 연결고리 역할을 수행했다. 아랍어에서 라틴어로의 번역활동은 11세기 이후부터 시작되었고, 톨레도는 아랍문화를 유럽으로 전달하는 교통지의 역할을 했다. 알퐁소 7세(1125-1157)와 같은 기독교계 통치자와 그의 후계자들은 번역활농을 장려했고, 레이몬드는 일단의 번역가들을 모아서 9세기 압바시아 왕조(750-1258)의 제7대 칼리파 알마으문(재위 813-833)이 설치했던 '지혜의 집'과 같은 번역기관을 설치하여 아랍어 문헌의 번역을 대대적으로 장려하였다. 여기서는 수학, 천문학, 의학, 자연과학 등의 아랍어 문헌들이 라틴어로 번역되었다.

(4) 아랍민족주의 기둥으로서의 아랍어

아랍 이슬람문화가 전성기를 구가했던 8-13세기의 아랍어에 대한 아랍 무슬림들의 믿음과 경외심은 아랍의 지적인 쇠퇴와 아랍어의 퇴조 시대였던 16-19세기에도 여전히 계속되었다. 이는 아랍어의 살아 있는 전통과 신성함을 유지하려는 전통이다.

19세기 아랍의 부흥기 이후 아랍인들도, 아랍어는 언어의 모든 속성을 지니고 있을 뿐만 아니라 과거의 위대했던 문명의 상징이며, 자랑스러운 과거의 자랑이자, 영감의 근원이라고 믿고 있었다. 심지어 아랍어의 오랜 침체기로 인해 고전 형태를 이해하기 어렵고, 현대 생활에 필요한 어휘가 부족하다는 사실을 인식한 후에도 아랍인들은 아랍어의 잠재력과 그 우수함을 여전히 자랑스럽게 생각했다.

19세기 아랍어의 부흥운동은 아랍어의 우수성을 복원하려는 노력과 함께, 아랍어가 아랍 이슬람세계의 중추임을 확인하게 했다. 당시 아랍의 지식인들은 아랍의 지적 부흥과 아랍 민족의 정체성을 확립하기 위한 필수적 기반으로서 아랍어의 역사적 전통에 대한 재인식이 필요하다는 데 동의했다. 아랍어는 아랍문화의 충실한 기록이며, 광대한 아랍 이슬람세계의 정치적·문화적 부흥의 기초라는 데 인식을 같이 했다. 아랍어는 민족과 문화의 우월성에 대한 열망의 추진

력이며, 아랍어와 민족주의운동은 서로 분리될 수 없는 상호 보완적 관계임을 깨닫게 되었다. 아랍어의 부흥은 아랍의 부흥과 정체성을 확립하는 데 가장 중요한 요소로 간주되었다.

중세 아랍 시인인 아부 알후스리(?-1095)는 "아랍어는 아랍민족 주의의 중추적 요소일 뿐만 아니라, 인종과 민족 면에서 다른 민족들 과 아랍인을 구별하는 중요한 기준이다. 아랍어는 국가의 영혼이자 삶이었으며, 공동체의 가장 강력한 끈이었고, 민족주의의 주요 기둥 이고, 사상과 감정의 수단이었다. 또한 과거와 현대의 매개체이며, 아랍문화 유산의 충실한 안내인이고, 지나간 영광의 역사와 그들의 성취와 승리의 기록이었다. 또한 가장 중요한 것은 아랍어가 분열된 민족을 통일시키는 가장 중요한 매개체라는 사실이다"라고 주장했다.

알후스리의 이러한 주장은 19세기 이후 아랍이 제국주의의 지배 하에 고통을 겪을 때 아랍인들의 인식 속에 더욱 분명하게 각인되었 고, 아랍민족주의의 근간으로서, 아랍인들을 결속시키고 묶어주는 강 력한 끈으로 아랍어의 역할은 앞으로도 계속될 것이다.

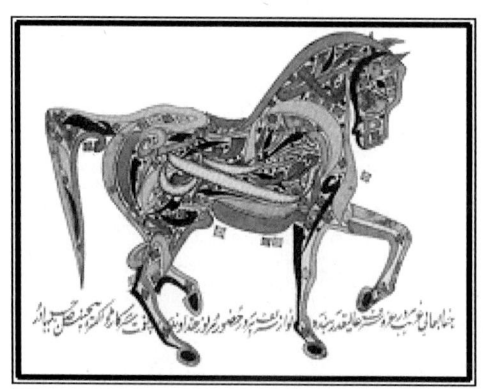

2. 아랍어 배우기

1) 아랍어의 자음

아랍어의 자음은 모두 28개로 구성되어 있고, 영어의 필기체처럼 단어의 어두, 어중, 어말 형태와 독립 형태에 따라 약간씩 다른 형태를 가지나, 기본적으로 독립형에서 파생된 형태다.

명 칭	어말형	어중형	어두형	독립형	발음기호	한글 표기
alif hamzah	ـأ	ـأ	أ	أ	ʔ	
bā	ـب	ـبـ	بـ	ب	b	ㅂ
tā	ـت	ـتـ	تـ	ت	t	ㅌ
thā	ـث	ـثـ	ثـ	ث	θ	ㅅ
jīm	ـج	ـجـ	جـ	ج	ʤ	ㅈ
ḥā	ـح	ـحـ	حـ	ح	ħ	ㅎ
khā	ـخ	ـخـ	خـ	خ	x	ㅋ
dāl	ـد	ـد	د	د	d	ㄷ
dhāl	ـذ	ـذ	ذ	ذ	ð	ㄷ
rā	ـر	ـر	ر	ر	r	ㄹ
zāy	ـز	ـز	ز	ز	z	ㅈ
sīn	ـس	ـسـ	سـ	س	s	ㅅ
shīn	ـش	ـشـ	شـ	ش	ʃ	ㅆ
ṣād	ـص	ـصـ	صـ	ص	ṣ	ㅅ (강세음)
ḍād	ـض	ـضـ	ضـ	ض	ḍ	ㄷ (강세음)
ṭā	ـط	ـطـ	طـ	ط	ṭ	ㅌ (강세음)
ẓā	ـظ	ـظـ	ظـ	ظ	ẓ	ㅈ (강세음)
´ayn	ـع	ـعـ	عـ	ع	ʕ	아
ghayn	ـغ	ـغـ	غـ	غ	ɣ	ㄱ

fāʾ	ـف	ـفـ	فـ	ف	f	ㅍ
qāf	ـق	ـقـ	قـ	ق	q	ㄲ
kāf	ـك	ـكـ	كـ	ك	k	ㅋ
lām	ـل	ـلـ	لـ	ل	l	ㄹ
mīm	ـم	ـمـ	مـ	م	m	ㅁ
nūn	ـن	ـنـ	نـ	ن	n	ㄴ
hā	ـه	ـهـ	هـ	ﻩ	h	ㅎ
wāw	ـو	ـو	و	و	w	우
yā	ـي	ـيـ	يـ	ي	j	이

2) 아랍어의 모음

아랍어의 모음은 3개의 단모음과 장모음 그리고 2개의 이중모음
으로 구성되어 있다.

(1) 단모음

아랍어의 단모음은 / a, i, u / 3개가 있다.

모음의 이름	모음 부호	모음	보기
فَتْحَة (파트하)	ـَ	/a/	بَ /ba/, رَ /ra/, كَ /ka/
كَسْرَة (카스라)	ـِ	/i/	بِ /bi/, رِ /ri/, كِ /ki/
ضَمَّة (담마)	ـُ	/u/	بُ /bu/, رُ /ru/, كُ /ku/

(2) 장모음

장모음은 / ā, ī, ū / 3개이며, 그 표기는 / ā /는 / ا /, / ī /는 / ي /, /

ū /는 / و /로 한다.

모음의 종류	모음 부호	모음	보기
장 모 음	ﹷ	/ā /	بَا /bā /, رَا /rā /, كَا/kā /
	ﹻ	/ī /	بِي /bī /, رِي /rī /, كِي /kī /
	ﹹ	/ū /	بُو /bū /, رُو /rū /, كُو/kū /

(3) 이중 모음

이중 모음은 / ay, aw / 2개가 있다. / ay /는 / ﹷيْ /, / aw /는 / ﹷوْ /로 표기한다.

모음의 종류	모음 부호	모음	보기
이중 모음	ﹷيْ	ay	دَيْ /day/, رَيْ /ray/, كَيْ/kay/
	ﹷوْ	aw	دَ وْ /daw/, رَوْ /raw/, كَوْ /kaw/

3) 아랍어 숫자

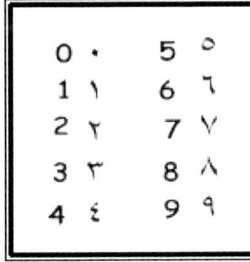

4) 아랍어 기본 표현

< مَرْحَبًا >

سَالِمٌ : مَرْحَبًا
كَمَالٌ : مَرْحَبًا
سَالِمٌ : كَيْفَ الْحَالُ؟
كَمَالٌ : أَنَا بِخَيْرٍ، اَلْحَمْدُ للهِ. وَأَنْتَ؟
سَالِمٌ : بِخَيْرٍ، اَلْحَمْدُ للهِ.

< صَبَاحُ الْخَيْرِ >

لَيْلَى : صَبَاحُ الْخَيْرِ.
أَمَلٌ : صَبَاحُ النُّورِ.
لَيْلَى : كَيْفَ حَالُكِ الْيَوْمَ؟
أَمَلٌ : أَنَا بِخَيْرٍ، اَلْحَمْدُ للهِ. وَأَنْتِ؟
لَيْلَى : بِخَيْرٍ، اَلْحَمْدُ للهِ.

< مَسَاءُ الْخَيْرِ >

لَيْلَى : مَسَاءُ الْخَيْرِ.
سَالِمٌ : مَسَاءُ النُّورِ.
لَيْلَى : كَيْفَ حَالُكَ يَا سَالِمُ؟
سَالِمٌ : أَنَا بِخَيْرٍ، اَلْحَمْدُ للهِ. وَأَنْتِ؟
لَيْلَى : بِخَيْرٍ، اَلْحَمْدُ للهِ.

< اَلسَّلَامُ عَلَيْكُمْ >

سَالِمٌ : اَلسَّلَامُ عَلَيْكُمْ.
كَمَالٌ : وَعَلَيْكُمُ السَّلَامُ.
سَالِمٌ : كَيْفَ حَالُكَ؟
كَمَالٌ : بِخَيْرٍ، اَلْحَمْدُ للهِ. وَأَنْتَ؟
سَالِمٌ : بِخَيْرٍ، اَلْحَمْدُ للهِ.

﴿ مَعَ السَّلامَةِ ﴾

سالِمٌ : مَعَ السَّلامَةِ.
كمالٌ : مَعَ السَّلامَةِ.
سالِمٌ : إلى اللِّقاءِ، يا كمالُ.
كمالٌ : إلى اللِّقاءِ، يا سالِمُ.

﴿ مَنْ أَنْتَ؟ ﴾

خالِدٌ : مَرْحبا.
مُحمّدٌ : مَرْحبا.
خالِدٌ : أنا خالِدٌ. مَنْ أَنْتَ؟
مُحمّدٌ : أنا مُحمّدٌ.

﴿ مِنْ أَيْنَ أَنْتَ؟ ﴾

مُحمّدٌ : أنا مِنْ مِصْرَ. مِنْ أَيْنَ أَنْتَ؟
خالِدٌ : أنا مِنْ سُوريا.
مُحمّدٌ : ومِنْ أَيْنَ أَنْتَ؟
مَريمُ : أنا لُبْنانيّةٌ.

﴿ مَنْ هذا؟ ﴾

خالِدٌ : مَنْ هذا، يا مُحمّدٌ؟
مُحمّدٌ : هذا صديقي.
خالِدٌ : اسْمي خالِدٌ، وما اسْمُكَ؟
سالِمٌ : اسْمي سالِمٌ.
خالِدٌ : فُرْصَة سعيدةٌ.
سالِمٌ : فُرْصَة سعيدةٌ.

> مَنْ هذه؟ <

مَريمُ : مَنْ هذه، يا لَيْلى؟

لَيْلى : هذه صَديقتي.

مَريمُ : أَهْلا وَسَهْلاً. ما اسْمُكِ؟

سَميرَةُ : اسْمي سَميرَةُ.

مَريمُ : فُرْصَة سَعيدَةٌ.

سَميرَةُ : فُرْصَة سَعيدَةٌ.

> اسْمي خَالِدٌ <

اسْمي خَالِدٌ. أَنا طالِبٌ في المَدْرَسة الثّانويّة. أَبي مُهَنْدِسٌ.
أُمّي مُدَرّسَة. أَخي طالِبٌ أَيْضًا. أُخْتي تِلْميذةٌ في المَدْرَسة.

제3장 아랍문학

1. 아랍문학이란

아랍문학은 아랍어로 쓰인 문학이며, 일찍이 아라비아반도에서 태동하였으나 이슬람의 확장과 더불어 그 활동 무대를 동으로는 페르시아와 인도, 북으로는 터키와 샴 지방(시리아, 레바논), 서로는 이집트·수단·리비아·모로코·튀니지 등의 북부 아프리카와 유럽의 스페인 안달루시아 지방으로까지 확장하였다. 아랍문학은 이슬람의 정복과정에서 다양하고 이질적인 문화, 특히 그리스와 페르시아 문화와 접촉하면서 그들의 문학, 종교, 언어, 사상 등의 장점들을 수용하여 독특한 아랍문화를 창조하였으며 압바시야시대 (750-1258)에 이르러 황금기를 구가하였다.

아랍문학의 최초 시기는 이슬람 이전인 자힐리야시대(450 or 500-622)이다. '자힐리야(جاهليّة)'는 '무지, 우매'를 뜻하며 '이슬람 정신의 부재'를 의미한다. 자힐리야시대 문학은 한마디로 시 문학이다. 문자가 정착되지 않았기 때문에 거의 모든 문학 활동이 구술(口述)로 이루어졌으며, 따라서 문장이 긴 산문보다는 비교적 짧은 시가 적합한 문학 표현 형태였다. 각 부족들은 적어도 한 명 이상의 시인을 두었으며, 시인들은 부족의 대변인으로서의 역할뿐만 아니라 제사(祭士), 전사로서의 역할도 담당하였다. 수많은 형식들이 실험되었으나 이 시기의 대표적인 시 형태로는 까시다를 들 수 있으며, 이때 형성된 까시다의 형식은 주제가 시대에 따라 조금씩 변화되었음에도 불구하고 거의 변화 없이 하나의 율법처럼 근대까지 지속되었다.

610년 사도 무함마드(570-632)가 알라의 계시를 받아 이슬람을 전파하기 시작하였고, 이슬람은 점차 아랍인들의 모든 삶을 지배하게 되었다. 정통칼리파시대(632－661)에 운(韻)이 있는 산문으로 기록된 코란은 이후의 모든 문화 활동에 지대한 영향을 끼쳤다. 시인은 사도와 이슬람의 대변인이 되었으며, 시는 사도와 이슬람을 칭송하는 수단이 되었다.

정통칼리파시대 이후 우마위야시대(661－750)는 문학의 활동 무대가 아라비아반도를 벗어나 시리아(다마스쿠스)와 이라크 등의 광대한 지역으로 확대된 시기라고 할 수 있다. 시인들은 현실의 흐름과 환경을 주로 묘사하였으며, 시는 자힐리야시대의 까시다에 그 뿌리를 두고 있었으나 정치시, 교육시 등의 새로운 시도가 풍부하고 다양했다. 자힐리야시대에는 엄격한 의미의 산문이 없었으나, 우마위야시대에는 코란과 사도의 언행록(言行錄)인 하디스의 영향으로 본격적인 산문이 발생하였다.

압바시야시대는 전기인 황금시대(750－946)와 후기인 은(銀)시대(946－1258)로 구분된다. 황금시대는 압바시야왕조 창건 때부터 이란과 이라크 지역에 건설된 부와이흐왕조(945－1055)가 바그다드를 점령한 때까지이며, 이때는 그리스・페르시아・인도 등의 고전이 아랍어로 번역되는 등 문화 활동이 활발하게 전개되었다. 특히 이라크의 바쓰라(البصرة)와 쿠파(الكوفة)가 문화 활동의 중심지가 되어 많은 사상가와 문인을 낳았고 아랍어 문법학파(바쓰라학파, 쿠파학파)가 생겨났다. 산문의 대가인 자히즈(جاحظ, 767－869), 새로운 시풍을 개척한 무타납비(متنبي, 906－965), 아부 누와스(756－810) 등이 바쓰라와 쿠파를 중심으로 활동하였다.

은시대에는 아랍 이슬람세계가 정치적으로 분열되고 수많은 지방정권이 출현하였다. 처음에는 이집트를 중심으로 북아프리카지역을

통치했던 파띠마조(909-1171)나 북부 이라크와 시리아를 통치했던 함단조(905-1004)가 지방 군주의 보호를 받아 문학 활동이 번창하였으나, 1055년 이후 모든 주도권이 셀죽 터키인들의 손에 넘어가게 되면서 그들의 무관심과 작가나 시인들의 수사학적 형식에 대한 집착으로 아랍문학은 쇠퇴기로 접어들었다. 이 시대에는 기교적인 면에서 산문의 극치라고 일컬어지는 '마까마(مقامة)'가 유행하였다.

한편 스페인 안달루시아시대(711-1492) 때는 711년 아랍에 정복된 이래 동부 아랍 세계에서 찾아볼 수 없는 특징적인 문학세계가 발전되었는데 이를 '안달루시아문학'이라고 한다. 안달루시아 문학은 처음에는 동부 무슬림 세계에서 유행한 문학의 종류와 문체를 모방하여 그와 동일한 수준에 도달하고자 노력하였다. 그러나 이후 안달루스는 동부에 알려져 있지 않은 특징적인 문학세계를 갖게 되었으며, 특히 시에 있어서 전통적인 까시다의 운율, 형태와 주제를 추구하면서도 한편으로는 전통적인 까시다에서 일탈하는 노래시 '무왓샤하트(موشحات)'를 탄생시켰다. 대중주의적 경향을 띤 무왓샤하트는 복수 운, 서정성, 음악성이 그 주요한 특징이며, 산문 및 학문예술 활동과 더불어 동부 무슬림 세계와 유럽 문학에 커다란 공헌을 하였다.

1258년 압바시야왕조가 몰락한 때부터 나폴레옹의 프랑스 군대가

이집트를 점령하게 되는 1798년까지의 시기를 '터키시대(또는 맘룩시대)'라 한다. 맘룩시대(1258-1517)는 비아랍인인 맘룩(مملوك)들이 통치하던 이집트가 비교적 독립을 누리면서 파괴된 바그다드 대신 이슬람세계 동부지역의 문화 중심지였

던 시기이다. 그 당시 이슬람세계는 여러 군소 국가들로 분리된 상태로 아랍 문학의 위상이 크게 약화되었으나 아랍어는 여전히 공용어와 문학어의 위치를 차지하고 있었다. 터키시대(1517-1798)는 오스만 터키가 이슬람세계의 종주국으로 세력을 팽창하기 시작한 때로, 초기에는 아랍문학이 점차 독창성·창조력·상상력·생명력을 상실해 갔으며, 말기에는 천일야화(千一夜話)와 같은 고전이 편찬되고 완성되었음에도 불구하고 공용어도 아랍어에서 터키어로 바뀌는 등 아랍문학이 완전히 암흑의 시대로 접어들었다.

그 이후 아랍 이슬람세계는 1798년 프랑스 나폴레옹이 이집트를 침공하면서 물밀 듯이 밀어닥친 서구문학의 자극과 민족적 각성에 의해 이집트, 레바논, 시리아를 중심으로 문예부흥(نهضة)을 맞이하게 된다. 문예부흥은 먼저 오랜 침체기 동안 버려졌던 황금기의 아랍문학을 되살리는 작업에서부터 시작되었다.

이후 제1차 세계대전(1914-1918)과 1919년의 이집트 혁명을 전후로 아랍문학에는 민족주의 분위기 속에서 농민 또는 하층계급 서민들의 생활을 묘사한 사실주의 경향이 대두하였다. 또

1950년대에는 정치적 격변과 사회적 혼란에 따라 참여문학(الالتزام)의 특성이 나타나게 된다. 특히 팔레스타인 문제의 해결을 주제로 삼는 팔레스타인문학은 이른바 제3세계문학의 실체와 실천적인 특성을 단적으로 표현한 민족문학으로서 높이 평가 받고 있다.

1988년에는 이집트의 소설가 나깁 마흐푸즈(نجيب محفوظ, 1911-2006)가 아랍 문단 최초로 노벨 문학상을 수상하였다. 이는 아랍문학이 보편적인 문학성을 인정받고 세계문학과 어깨를 나란히 하는 계기가 되었다.

아랍문학은 22개국 개별 국가들의 독특한 문학으로 그리고 공통의 문학 매개체인 아랍어를 사용한 문명권 문학으로서 국가와 민족 단위를 뛰어넘는 세계문학으로 발전해 나갈 것이다.

『천일야화』

설화 문학의 최고봉이자 아랍문학의 정수이며 세계의 기서 중 하나로 손꼽히는 『천일야화』(ألف ليلة وليلة, 아라비안나이트)는 집필된 연대나 작가가 확실히 알려져 있지

않다. 집필된 연대에 관하여 이야기 속의 풍속 등으로 미루어 보아 가장 오래된 것이 8세기, 가장 새로운 것이 17세기경에 이루어졌고, 현재와 같은 체제를 갖춘 것은 13세기경이 아닌가 추정되고 있다.

10세기 중반, 천일야화의 초판이 알자흐쉬야리에 의해 이라크에서 만들어졌다는 설이 있다. 그는 인도의 '40밤에 걸친 이야기'와 페르시아의 '천의 이야기'(하자르 아프사나)를 바탕으로 이라크의 여러 이야기꾼들의 이야기를 추가했다고 한다. 그 후 시간이 경과하면서 인도, 그리스, 헤브류, 이집트의 이야기들이 보충되어 이집트의 맘룩시대(1291-1517) 때 최종판이 나왔다고 한다. 인도, 페르시아적인 민화를 순 아랍 이슬람적인 환경에 적응시켜 윤색도 하고 개작도 했다.

서구에서 최초의 번역은 프랑스인 갈랑에 의해 1704년에 이뤄졌으며, 최초 영어본은 레인에 의해 1839년에, 우수 영어본은 존 페인에 의해 1882년에, 영국의 리차드 버튼에 의해 1879년에 번역에 착수되어 1885년에 완성되었으며, 아랍 국가에서의 최초 발간본은 1835년에 출간된 불락본이었다.

지금까지 수집된 이야기는 모두 169편이 되는데 내용별로 보면 전기, 일화, 동물 우화, 기성친외한 이야기, 사실적 이야기, 교훈적 이야기, 기담, 사랑 이야기, 전설 등으로 나눌 수 있다. 이 속에 아랍인 특유의 기지나 은근한 유머, 폭 넓은 홍소, 통렬한 풍자, 해탈의 관조미, 지상의 비애 등도 볼 수 있고 또한 남녀의 사랑의 말도, 짙은 도색 정경도 선명하게 묘사되어 있다. 어디까지나 순수하고 자연스러우며 결코 선정적인 것만이 아닌, 인간의 순수한 능동적 삶의 이야기이다. 즉 동양적인 생활 감정과 미에 대한 관능적인 기쁨이 가장 단적으로 순수하게 그려져 있고, 또 동양인의 관능적 쾌락이 시적 형태와 더불어 더할 수 없이 강렬한 지고미의 융합을 보여주고 있다.

천일야화는 그 성격상 설화 문학, 전승 문학, 풍속 문학, 서민 대중 문학, 서정 문학, 이야기 문학 등으로 불려지고 있다.

천일야화는 액자소설 또는 테두리 이야기 구성을 취하고 있으며 그 틀 속에 각양각색의 길고 짧은 이야기를 엮어가고 있다. 끝없는 꿈과 로맨스 그리고 모험을 추구하는 아랍인의 집념은 이들 이야기 속에서 흥미진진한 에피소드를 전개시켜 변화무쌍한 환상의 세계로 이끌어 나가고 있다.

<내용> 샤흐리야르(شَهْرِيَار) 왕과 그의 동생 샤흐자만(شَاه زَمَان)은 하나의 왕국을 둘로 나누어 다스리던 중 어느 날 동생이 형을 만나러 간다. 형이 통치하는 왕국에서 동생은 형수가 형의 출타를 틈타 흑인 노예와 불륜 관계를 맺고, 그 사건을 목격한 동생은 형과 확인하기에 이른다. 형은 그 후 모든 여자를 죽이기로 결심한다. 매일 밤 처녀를 불러들여 관계를 한 후 다음날 아침 해 뜨기 직전에 여자를 죽이기를 계속한다.

당연히 왕국의 젊은 여자들은 공포에 떨었다. 마침내 처녀를 징발하던 장관의 딸인 샤흐라쟈드(شهرزاد)가 자청하여 왕에게로 나아간다. 지혜로운 그녀는 자신의 여동생과 왕 앞에서 재미있는 이야기를 하다가 다음날 아침 해 뜨기 직전에 이야기를 중단하여 왕의 궁금증을 불러일으키고, 그렇게 하면서 자신의 생명을 연장시켜 나간다. 이 이야기가 바로 천일야화이다. 이야기를 들려주는 천 일 동안 그녀는 왕의 아이를 낳고, 결국 이야기가 끝나는 1001일 째 되는 날 왕은 자신의 잘못을 깨닫고 그녀를 정식으로 왕비로 삼게 되며 이 이야기는 끝이 난다.

『칼릴라와 딤나』

『칼릴라와 딤나(كليلة ودمنة)』는 인도 설화집 『판차탄트라』(Pancharantra)가 페르시아를 거쳐 아랍으로 유입되어 아랍 이슬람적으로 번안·개작된 작품이다. 『판차탄트라』는 인도에서 구전으로 전승되던 설화들을 기원전 2-5세기경 산스크리트어로 기록한 설화집인데, 서기 570년에 파흘라위어(중세 페르시아어)로 번역되었고, 이 파흘라위어본은 750년대에 이븐 알무캇파(724-759)에 의해 아랍어로 옮겨졌다.

이븐 알 무캇파는 이 작품을 아랍어로 옮기면서 원문에 얽매이지 않고 아랍 이슬람 사상에 맞추어 개작하는 한편, 자신의 정치사상과 철학, 그리고 사회 개혁 의지를 투영시켜 새롭게 재창작함으로써 아랍인들의 귀중한 문학적 자산을 이루어내었다.

'칼릴라'와 '딤나'라는 두 마리 재칼을 중심으로 동물 우화의 형식을 빌려 전개되는 이 작품은, 꼬리에 꼬리를 물고 겹겹이 이어지는 독특한 이야기 방식을 통해 인간사의 온갖 측면을 흥미진진하게 펼쳐 보인다. 현자 '바이다바'(Baydaba)는 작품 속에

서 '다브샬림' 왕에게 동물 우화를 들려주는 허구의 인물이지만 작가 미상인 이 작품의 저자로 통용되며, 서구어 번역본에서는 '비드파이'라는 이름으로 등장하고 있다.

『칼릴라와 딤나』는 10세기부터 세계 주요 언어로 번역되기 시작하여 오늘날 지구촌 곳곳에서 읽히고 있다. 서구에서 『비드파이 우화』로 알려져 있는 이 작품은 서구인들 사이에서 '성경보다 더 자주 읽힌 책' 또는 '성경 다음으로 많은 언어로 번역된 책'이라는 평가를 받고 있다. 마침내 1998년 이제 우리도 이븐 알 무캇파의 아랍어본을 직접 옮긴 한국어판 『칼릴라와 딤나』(이동은 역, 도서출판 강)를 가지게 됨으로써 아랍 최고의 고전을 향유할 수 있게 되었다.

2. 아랍의 사랑시와 노래

아랍인은 참으로 사랑이 많은 민족이다. 유일신 알라에 대한 숭고한 사랑, 가족들에 대한 헌신적인 사랑, 남녀 간의 사랑 또한 다른 민족에 비해 결코 부족하지 않다. 다만 남들 보는 데서 공개적이고 노골적으로 표현하지 못할 뿐이다.

이슬람은 부부간의 사랑, 가족 간의 화목을 큰 덕목으로 장려하면서도, 유독 남녀 간의 공개적인 사랑에 대해서는 강한 우려감과 염려스러움을 드러낸다. 이는 이슬람 이전 시대의 부정적인 여성관, 즉

여성의 물화(物化) 인식에 대한 전면적인 부정이며 동시에 너무도 아름다운 여성들로 인해 발생하게 되는 남성들의 타락을 미연에 방지하려는 철저한 예방이 아닐까 한다. 다시 말하면 남녀평등 사상을 널리 보급하면서도 남녀평등이 가져올 성적 타락에 대한 우려인 것이다. 이슬람의 성서인 코란에는 여성이 외출할 시 얼굴과 손을 제외한 모든 곳을 가리도록 명령하고 있다. 남편이나 집안 식구들 외에는 어느 누구에게도 매력적인 육체를 보여서도, 유혹적인 몸짓이나 음성을 내서도 안 된다……

이슬람 이전 시대에는 까시다라고 하는 완벽한 시 형식이 존재했는데, 수많은 시인들은 까시다의 여러 주제들 중 가잘(غَزَال)이라고 하는 사랑시를 가장 사랑했다. 또한 칭송시, 애도시, 무용(武勇)시, 묘사시 등과 같은 주제들을 다루면서도 대개 처음은 연인의 관능미, 슬픈 연정의 토로, 연인을 태우고 떠나는 낙타 가마에 대한 묘사로 시작한다. 이는 청중들의 주목을 끌기 위함이었고, 예나 지금이나 청중들의 이목을 끄는 데는 여성에 대한 이야기가 제격인 것 같다.

이후 현대에 이르기까지 이슬람 시대의 사랑시는 이슬람과 코란의 영향으로 인해 이전의 열정을 유지하지 못했다. 그렇다고 사랑시가 사라진 것은 아니었다. 이슬람 이전의 다소 노골적인 묘사와 표현들이 금지된 매우 순수해진 사랑시(غَزَال عُذْرِيّ)는 계속해 사랑을 받았다. 이때는 시의 모든 장르들이 이슬람의 통제하에 놓이게 되었으며, 이슬람의 성서인 코란과 사도 무함마드의 언행록인 하디스의 율법을 위반하지 않는 범위 내에서만 허용되었다. 그렇게 1000년이 흐른 후 자유연애와 사랑표현을 갈망하던 아랍인들은 19세기 중반 직접적이고 솔직한 사랑을 노래한 '사랑의 시인, 여성의 시인' 니자르 깝바니(نِزَار قَبَّانِي, 1923-1998)에 열광하게 되었다.

시리아 시인 니자르 깝바니는 오랜 세월 금기 시되어 왔던 남녀 간의 사랑을 공론화시키고 전 아랍세계에 대단한 유행을 불러일으켰다. 유행을 주도하는 데는 유명한 가수들의 역할이 매우 컸다. 레바논의 마지다 루미(مَاجِدَة الرُّومِي)와 이라크의 카딤 싸히르와 같은, 아랍세계에서 내로라하는 유명한 가수들이 경쟁하듯 니자르 깝바니의 사랑시를 노래로 부르면서 남녀노소 누구나 할 것 없이 사랑 타령에 빠져들었다. 그의 사랑시는 자고 나면 전 아랍세계에 퍼져 있을 정도로 빠르게 알려졌으며, 특히 젊은이들을 열광시켰다.

<신문같이>

그가 외투에서 신문을
성냥을 꺼냈다
흔들리는 관심을 보이는
나를 바라보지도 않고
내 앞의 설탕을 집었다
찻잔에 두 조각을 녹였다
나를 녹였다…… 두 조각을 녹였다……
시간이 흘렀다……
나를 바라보지도 않고
나를 사로잡았던 열정도 알지 못하고
내 앞의 외투를 들고서
서둘러 사라졌다

신문을 남겨둔 채……
홀로……
나처럼 홀로…… 홀로……

***

그가 외투에서 신문을
성냥을 꺼냈다
흔들리는 관심을 보이는
나를 바라보지도 않고
내 앞의 설탕을 집었다
찻잔에 두 조각을 녹였다
내 피 속에…… 장미 두 송이를 녹였다.
나를 모았다…… 나를 흩었다…… 나를 녹였다
나는 그의 차를 마셨다……
그의 담배연기 속으로 여행을
떠났다……
그는 어디에?
여기 있었지
그는 신문을 읽었던 게 아니야
내가 그의 곁에 있었으니……
생각 속에 빠진다
빗줄기가 나를 때린다……
내 마음을 사로잡은 그 남자가
내 눈 속의 아름다운 소식들을
읽으려고 했으면 좋을 텐데.

***

시간이 흘렀다……
나를 바라보지도 않고
나를 사로잡았던 열정도 알지 못하고
내 앞의 외투를 들고서
서둘러 사라졌다
신문을 남겨둔 채……
홀로……
나처럼 홀로…… 홀로……

مع الجريده

أخرج من معطفه الجريده
و علبة النقاب
ودون أن يلاحظ اضطرابى
ودونما اهتمام ..
تناول السكر من أمامى
ذوب فى الفنجان قطعتين.
ذوبنى .. ذوب قطعتين ..
وبعد لحظتين ..
ودون أن يرانى

ويعرف الشوق الذى اعترانى
تناول المعطف من أمامى
و غاب فى الزحام
مخلفا وراءه الجريده ..
وحيدة ..
مثلى أنا .. وحيده ..

***

أخرج من معطفه الجريده
و علبة النقاب
ودون أن يلاحظ اضطرابى
ودونما اهتمام ..
تناول السكر من أمامى

ذوب في الفنجان قطعتين.
وفى دمى .. ذوب وردتين.
لملمنى .. بعثرنى .. ذوبنى
شربت من فنجانه ..
سافرت فى دخانه ..
وما عرفت أين؟
كان هنا جالسا
ولم يكن هناك يطالع الأخبار
فكنت فى جواره .. تأكلنى الأفكار
تضربنى الأمطار ..
يا ليت هذا الرجل المسكون بالأفكار
فكر أن يقرأنى.

ففى عيونى أجمل الأخبار.
***

وبعد لحظتين ..
ودون أن يرانى
ويعرف الشوق الذى اعترانى
تناول المعطف من أمامى
وغاب فى الزحام
مخلفا وراءه الجريده ..
وحيدة ..
مثلى أنا .. وحيده ..

<나에게 사랑을 주세요>

　　나에게 사랑을 주세요 나에게 주세요
　　나를 미치게 만든 가장 아름다운 이여 나에게 주세요
　　아가씨, 나를 부르는 바다에
　　빠뜨려 주세요
　　나에게 영원한 죽음을 주세요
　　나에게 사랑을 주세요 나에게 주세요
　　나를 미치게 만든 가장 아름다운 이여 나에게 주세요.
　　이 세상 여인들 중 가장 아름다운 이여
　　나를 사랑해 주세요.
　　내가 불타는 사랑으로 사랑했던 당신……
　　나를 사랑해 주세요.
　　당신이 집을 원한다면 당신을 내 눈빛에 살게 하겠습니다.
　　당신의 사랑은 나의 지도입니다…… 내 지도는
　　보통 지도가 아닙니다…… 나에게 세상을 보여 줍니다
　　나는 슬픔에게 가장 오래된 수도(首都)……
　　나의 상처는 나의 파라오의 조각입니다.
　　나의 고통은 목욕탕 하수관처럼 흔들립니다
　　바그다드에서 중국까지
　　나에게 사랑을 주세요 나에게 주세요
　　나를 미치게 만든 가장 아름다운 이여 나에게 주세요
　　내 마음의 참새여, 바다 모래여

영혼의 영혼이여, 올리버 숲이여

눈(雪) 맞이며 불(火) 맞인 이여…… 의심과 확신의 향기여

나는 무지함이 두렵습니다…… 그러니 나를 피난시켜 주세요

나는 어둠이 무섭습니다…… 그러니 나를 안아 주세요

나는 춥습니다……그러니 나를 잘 덮어 주세요

내 곁에 있어 주세요…… 나를 위해 노래를 불러 주세요

나는 이제 막 만들어지고 있는 중입니다

내 사랑하는 이의 조국을 찾고 있습니다

나를 태양 가까이 데리고 가 던지는

한 여인의 사랑을 찾고 있습니다

나에게 사랑을 주세요 나에게 주세요

나를 미치게 만든 가장 아름다운 이여 나에게 주세요

내 생명의 따스한 불, 시원한 바람…… 내 정원에 걸린 등불

당신의 머리를 보호하는 상아 빗을 나에게 주세요……

나를 잊어 주세요

나에게 레몬 향기로 만든……

당신을 위해 나의 슬픈 노래에 자유를 주었던

역사를 남겼던

출생증명서를 지웠던

모든 동맥을 끊었던 다리를 뻗어 주세요

나에게 사랑을 주세요 나에게 주세요

나를 미치게 만든 가장 아름다운 이여 나에게 주세요.

زيدينى عشقا

زيدينى عشقا زيدينى
يا أحلى نوبات جنونى زيدينى
زيدينى غرقا سيدتى
ان البحر ينادينى
زيدينى موتا على الموت
اذا يقتدنى يحيينى
زيدينى عشقا زيدينى
يا احلى نوبات جنونى زيدينى

***

ويا احلى امرأة بين نساء الكون أحبينى
ويا من احببتك حتى احترق الحب .. احبينى
ان كنت تريدين السكنة اسكنتك ضوء عيونى
حبك خارطتى .. خارطتى
ما عادات خارطة .. العالم تعنينى
انا اقدم عاصمة للحزن .. وجرحى نقش فرعونى
وجعى تميد كسرب حمام .. من بغدار الى الصين

زيدينى عشقا زيدينى
يا احلى نوبات جنونى زيدينى

***

عصفورة قلبى نيساجى يا رمل البحر
وروح الروح ويا غابات الزيتون
يا طعم الثلج وطعم النار .. ونكهة شكى ويقينى
أشعر بالخوف .. من المجهول فأوينى
أشعر بالخوف .. من الظلماء فضمينى
أشعر بالبرد .. فغطينى
وظلى قربى .. غني لى
فأنا من بدء التكوين ابحث عن وطن لحبيبى
عن حب امرأة يأخذنى لحدود الشمس يرمينى
زيدينى عشقا زيدينى
يا احلى نوبات جنونى زيدينى

***

نوارة عمرى مروحتى ..
قنديلى فوق بساتينى
وضعينى مشطا عاجيا ..
في عصمة شعرك وانسينى
مدى لى جسرا من .. رائحة الليمون
من أجلك اعتقت رثاثى ..
وتركت التاريخ ورائى
وشطبت شهادة ميلادى ..
وقطعت جميع شرايينى
زيدينى عشقا زيدينى
يا احلى نوبات جنونى زيدينى

제4장 아랍의 문화와 관습

1. 출생과 장례

1) 출 생

아이가 태어나면 포대기에 싸서 가족들과 친척들이 모인 곳으로 데리고 나온다. 그러면 이맘이 아이의 오른쪽 귀에 대고 기도문을 낭송

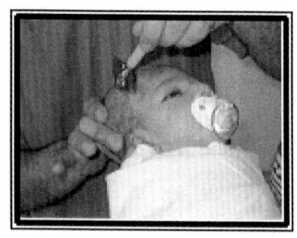

한다. 부모는 아이의 출생을 기념하여 주위의 가난한 이웃들에게 자선을 베푼다. 하디스에는 자선에 쓰이는 은의 양이 갓난아이의 머리카락의 무게와 같아야 한다고 말하고 있다. 친구나 이웃들이 집을 방문하여 아이에게 선물을 준다.

아이가 태어난 지 일곱 째 날 '아끼까(عَقِيقَة)'라는 희생제가 행해지는데, 남자아이의 경우에는 두 마리의 양이나 염소를 바치고 여자아이의 경우에는 한 마리를 바친다. 이때 동물은 건강하고 병이 없어야 한다. 희생제를 치를 때 아이의 아버지가 다음과 같이 기도한다. "알라시여, 나는 이것을 아들 대신에 바칩니다. 양의 피는 아들의 피요, 양의 살은 아들의 살이며, 양의 뼈는 아들의 뼈요, 양의 털은 아들의 머리털입니다. 알라시여, 가장 위대하신 알라의 이름으로 아들 대신에 이 양을 바칩니다." 동물의 가죽을 벗긴 다음 3등분하여 한쪽은 산파에게, 다른 한 쪽은 가난한 이들에게 주고, 나머지는 가족들을 위해 사용한다.

보통 칠 일째에 아이의 이름을 짓는다. 가족 중에서 가장 연장자나 코란을 암송할 수 있는 사람이 아이의 이름을 짓는데 일반적인 경우 코란에서 이름을 뽑는다. 아이는 말을 하기 시작하면서 또는

태어난 지 4년 4개월 4일째부터 코란을 배운다.

2) 장 례

사람이 죽으면 망자(亡者)의 가
족들은 친지나 친척들에게 사망
소식을 알린다. 또한 의사를 불러
사망확인서를 받으면 보건소에
가서 사망진단서와 매장증명서를
받는다. 가족 중 일부는 가족묘지
에 가서 땅을 파고 장지를 정비

하는 동안 염을 하기 위해 장의사를 부른다. 장의사는 망자의 옷을 벗
긴 후 솜과 물로 몸을 깨끗이 닦아 낸 후(죽은 사람의 시신은 씻지 않
는다-필자 주) 입, 콧구멍, 귀, 항문을 솜으로 막는다. 수의를 입히지
않으며 하얀 천으로 몸을 감싼다. 머리, 허리, 발 세 군데를 끈으로 단
단히 묶은 후 나무로 짠 판 위에 올려놓는다(일반적으로 관은 사용하
지 않으며, 관을 사용할 경우에는 관을 매장하지는 않는다-필자 주).
장례식은 당일에 가능한 한 빨리 치르며 시신은 곧바로 매장한다. 이
는 냉동시설이 없는 아랍세계의 더운 날씨 때문에 부패의 위험이 크
기 때문이다. 시신은 머리를 끼블라(قبلة)인 메카를 향하게 매장된다.

장례식에 참석한 여자들은 검은 상복을 입고 남자의 뒤를 따라가
며 큰 소리로 곡을 한다. 모스크에 도착한 장례행렬은 시신을 모스
크에 내려놓은 후 예배를 드린다. 모스크에서부터 장지까지는 남자
들만 갈 수 있다. 무덤의 깊이는 약 3미터 정도이며, 남자와 여자의
묘지는 분리되어 있다.

장지에서 돌아오면 상주는 천막을 치고 3일 동안 남자 조문객들을 받는다. 여자는 아버지, 형제, 친척들이 죽었을 때에도 3일 이상 애도할 수 없다. 그러나 미망인은 죽은 남편을 위해 넉 달 열흘 동안 애도하는 것이 허용된다. 이 기간 동안 독경사가 코란을 낭송하며 여자들은 집 밖으로 나오지 않는다. 여자들이 장례행렬의 뒤를 따라가면서 곡을 하는데, 가끔씩은 곡을 하는 사람을 돈으로 사기도 한다.

조문객들에게 대접하는 음식은 설탕이 들어가지 않은 커피가 전부이다.

【코란 속의 죽음】

- ▣ 어느 누구도 하나님의 허락 없이는 죽지 아니하며 그 기간은 기록되어 있노라……(제3장 145절)
- ▣ 모든 인간은 죽음을 맛보며 심판의 날 보상을 받게 되니라. 지옥으로부터 구제된 자에게는 천국의 문이 열릴 것이며 그곳에서 영광을 누리노라……(제3장 185절)
- ▣ 너희가 어디에 있던 죽음은 너희를 뒤따르매 비록 높은 탑 위에 있더라도 마찬가지라……(제4장 78절)
- ▣ 진리를 듣는 자 그에게 응답이 있으되 죽은 자에 대하여 하나님은 그들을 부활하리니 그들은 그분에게로 귀의하니라.(제6장 36절)
- ▣ 죄인으로 그의 주님께 온 자 그를 위해 지옥이 있으니 그는 그 안에서 죽지도 아니하고 살지도 못하니라.(제20장 74절)
- ▣ 모든 인간은 죽음을 맛보게 되며 하나님은 너희를 악과 선으로 시험하니라……(제21장 35절)

■ 모든 인간은 죽음을 맛보고 하나님께로 돌아오리라.(제29장 57절)

■ 죽음에 이른 인간의 영혼을 앗아 가며 수면의 상태로 하여 생명을 앗아가는 분은 하나님이시라. 기한이 된 영혼을 앗아가며 기한이 이르지 아니한 영혼을 잠시 유보하는 분도 하나님이시라……(제39장 42절)

■ 하나님은 너희 가운데 누구에게라도 죽음을 이르게 할 수 있으되……(제56장 60절)

■ 그러한 능력을 가진 그분이 죽은 자를 살게 할 수 없단 말이뇨.(제75장 40절)

2. 결혼과 이혼

1) 결 혼

이슬람은 유일신인 하나님의 존재를 알고 그에게 복종할 것을 가르치는 종교다. 이런 교리에 순응하기 위하여 코란에서는 인간 생활의 사소한 부분까지 언급하며 무슬림들을 교화하고 있다. 결혼과 관련된 코란의 언급도 하나님에 대한 복종, 부부간의 사랑과 평등, 여성의 보호 등이 그 대부분을 이루고 있다. 이런 가치는 동서고금을 막론하고 인간 세상의 보편적 가치로 존중받고 있다.

코란은 남녀간의 평등과 상부상조 관계를 '여성은 남성의 옷이고, 남성은 여성의 옷'[2:187]이라는 구절로 표현한다. 따라서 남녀는 서로의 보호자, 협력자, 관리자가 되며 이러한 관계는 결혼을 통한 가정생활로 구체화된다.

이슬람에서 결혼은 사회적 의무일 뿐만 아니라 종교적 의무이기도 하다. 코란과 하디스는 인간의 덕목을 유지하기 위해, 종족을 번창시키기 위해, 인간 사이의 사랑과 동정심을 확립하기 위해 결혼 생활을 장려하며 권장하고 있다. 따라서 결혼은 남성과 여성 사이의 신성한 계약이며 영원한 관계에 대한 약속이다.

인간 삶의 통과의례(通過儀禮) 중 가장 중요한 부분인 결혼에 대해서 코란에서는 다음과 같이 언급하고 있다.

[4:34]

남성은 여성의 보호자라 이는 하나님께서 여성들보다 강한 힘을 주었기 때문이라 남성은 여성을 그들의 모든 수단으로써 부양하나니 건전한 여성은 헌신적으로 남성을 따를 것이며 남성이 부재 시 남편의 명예와 자신의 순결을 보호할 것이라

[13:38]

그대 이전에도 하나님은 선지자들을 보내었고 그들에게 배우자를 주어 자손을 갖게 했노라

[30:21]

너희 자신들로부터 배필을 창조하여 그 배필과 함께 살게 하심도 그분 예증의 하나이며 그분은 또한 너희 간에 사랑과 자비를 주셨으니 실로 그 안에는 생각하는 백성을 위한 예증이 있노라

　이처럼 코란에서 남녀 간의 결혼은 하나님의 인간의 사랑에 대한 예증이며, 남성은 여성을 보호하고, 여성은 남성에게 복종하며 헌신하는 가족 구조를 이상적인 가족 형태로 제시하고 있다.

　코란의 결혼에 대한 언급들은 이슬람 이전 시대 아랍 사회에 깊이 배어 있던 남성 중심의 결혼 풍습의 폐단과도 관련이 있다. 이슬람 이전 시대의 결혼 형태는 계약 결혼, 부인 대여 동거, 임시 결혼, 교환 결혼, 매매혼, 상속혼, 고용혼, 입양혼, 축첩 등 다양한 제도가 있었지만 대부분의 제도가 남성 중심이었고 여성에게는 크게 불리한 제도였으며, 결혼의 결정은 전적으로 남성에 의해 결정되었고 여성의 의사는 거의 무시되었다.

　예를 들어 임시 결혼은 남성이 여성에게 일정액을 지불하고 결혼 생활을 유지한 후 헤어지는 제도였고, 교환 결혼은 현재 사회적으로 물의를 일으키고 있는 스와핑(swapping)과 유사하다.

　이런 결혼의 형태는 하나의 사회 제도로써 정착된 것이 아니라, 남성이나 집안의 필요성에 의해 불규칙하고 다양하게 이루어졌기 때문에 이슬람 이전 시대의 결혼 제도를 정형화한 형태로서 구체적으로 규정짓기는 힘들다.

　아랍인들이 ‘무지의 시대(Jahiliyah)’라 부르는 이슬람 이전 시대의 결혼 풍습은 이처럼 다분히 남성 중심의 결혼 형태이거나 비도덕적인 형태가 많아 인류의 평등과 사회적 도덕성을 강조하는 이슬람의 교리에 크게 위배되었다. 따라서 이슬람 시대에 남성 중심의 결혼 풍습이나 비도덕적인 형태는 대부분 금지되었고, 여성의 권리와 신분 보장을 위한 다양한 제도가 마련되었다. 서구인들에게 여성 차별의 대표적인 사례로 손꼽히는 일부다처제도나 혼납금(婚納金, mahr) 제도가 사실은 여성을 보호하기 위한 제도라는 점은 주목할 만하다.

(1) 이슬람 공동체의 결혼 과정

이슬람 사회에서 결혼이 성립하기 위해서는 ① 분명한 청혼이 있을 것 ② 청혼에 대한 분명한 수락이 있을 것 ③ 적어도 2명 이상의 결혼식 증인이 있어야 하며, 결혼을 널리 알릴 것 ④ 금액에 관계없이 신랑이 신부에게 결혼 선물을 할 것이 요구된다. 결혼 선물은 결혼으로 인해 신랑에게 발생하는 경제적 책임과 준비를 보여 주는 상징적 표현이다.

아랍 사회에서 결혼은 남녀 간의 직접적인 만남으로 시작되기보다는 대개가 집안 간의 주선으로 시작된다. 신랑 측은 카띠바(khaṭibah)라 불리는 중매쟁이를 통해 결혼 상대자를 물색한다. 중매쟁이의 추천을 통해 신붓감을 결정하면 신랑 측의 대표가 신부 측 집안에 청혼을 함으로써 결혼의 절차가 진행된다.

일반적으로 이슬람 공동체에서 신부에게는 집안이 권한 신랑감을 거부할 권리는 있었지만 본인이 신랑을 선택할 권리는 주어지지 않는다. 그러나 현대에 와서 이런 관습은 국가에 따라 상황이 다르다.

바레인, 모로코, 리비아, 수단, 예멘 등의 아랍 국가에서는 결혼에 대한 아버지의 결정권을 존중하는 반면, 이집트, 요르단, 튀니지의 경우는 여성 본인의 결정을 중시한다. 이는 대체로 사회의 개방화 정도와 관련이 있다고 생각된다.

신부가 혼담을 거절하는 전통적인 방법 중의 한 가지는 결혼 전 신랑의 가족 대표가 신부 집을 방문해 신부를 만날 때 흔히 신부가 손님들을 대접할 차나 커피를 준비하곤 한다.

이는 차 문화가 일반화되어 있는 아랍에서 차 맛을 통해 신부의 요리 솜씨와 감각을 평가하기 위해서다. 이때 신부는 차나 커피에 설탕 대신 소금을 넣는 등의 방법으로 차 맛을 나쁘게 함으로써 자신의 의사를 표시하곤 했다. 간접적인 거부를 표시한 것이다.

신부 측의 가족이 혼담을 거절하는 경우는 꿈이나, 불길한 징조 등을 핑계로 대며 거절하곤 하는데 이러한 의사 표현 방식은 체면을 중시하는 아랍 사회에서 상대에 대한 배려라 할 수 있다.

결혼이 성립되는 전 과정은 신랑과 신부 측이 주로 친척 중에서 임명한 '와킬(wakil)'이라 불리는 결혼 대리인에 의해 진행된다. 아랍 사회에서 결혼에 대한 기본적인 인식은 집안 간의 계약이기 때문에 결혼 계약 과정에서 발생할 수 있는 불미스러운 일들을 피하기 위해 결혼 계약 진 과정을 결혼 대리인에게 위임함으로써 결혼 후에도 양가의 원만한 유대 관계를 유지하려 노력한다.

아랍 사회의 결혼의 과정은 지역별로 차이가 있으나 쌍방 간의 계약에 근거하여 이루어진다는 점에서 공통점을 가지며 일반적으로 다음과 같은 순서로 진행된다.

제1단계는 합의(Ittifāq)다.

신랑과 신부 측 집안이 상대방 가계(家系)에 대한 파악을 한 후, 쌍방 간에 결혼에 대한 공식적인 합의를 맺는 단계다. 여기에서 혼납금과 신부를 위한 약혼 선물(Shabka), 신부가 준비할 혼수의 구체적인 내용이 결정된다. 혼납금과 약혼 선물은 구체적인 액수로 표시되거나 보석류가 선호되지만, 쌍방이 합의하거나 또는 신랑이 가난한 경우 간단한 결혼 예물로 대신하기도 한다.

이 협상은 구체적인 금액으로 표시되기 때문에 상호간의 오해와 불화를 방지하기 위해 양측의 결혼 대리인이 맡아서 진행하는 것이 일반적이다.

쌍방 간에 혼납금 등에 대한 구체적인 합의가 이루어지면 신랑 측이 정식으로 결혼 신청을 한다. 이때 결혼 신청은 신랑의 아버지, 삼촌, 오빠 등 신랑 측 집안의 어른이 하고, 신부 측의 결혼 동의를 얻은 후 결혼을 정식으로 발표한다.

대부분의 현대 무슬림국가에서 결혼의 합의는 구두(口頭)로 끝나는 것이 아니라 전문화된 공증인에 의해 작성된 계약서를 요구한다. 이것은 무엇보다도 남성 중심의 아랍 사회에서 여성을 보호하려는 사회적 장치로서 결혼 자체를 구체화하려는 노력이기도 하다.

제2단계는 약혼(khiṭbah)이다.

결혼을 언약하는 단계다. 아랍에서 결혼은 일종의 계약이기 때문에 약혼을 생략하고 결혼을 하는 경우는 거의 없다. 약혼식은 신랑과 신부 측 결혼 대리인이 서로 손을 잡은 채 코란 제1장인 개경장(surat fatḥah)을 함께 읽는다. 그리고 신부의 결혼 대리인이 "나는 당신에게 나의 딸을 혼인시키겠습니다"라고 말하면 신랑은 이 말을 받아 "나는 당신 딸과의 혼인을 받아들이며 앞으로 그이를 나의 보호 아래 두겠습니다"라고 대답한다. 이때 서로 악수한 손 위에 흰 손수건을 올리는 풍습도 있다.

약혼은 합의가 이루어지고 난 후 보통 일주일 이내에 신부의 집에서 행하며 이 단계를 통해 공식적으로 두 사람이 약혼했음을 인정받게 된다. 이후 신랑은 자유롭게 신부의 집을 왕래할 수 있고, 예비 남편으로서 신부에 대한 권리를 갖게 되지만, 약혼 이후에도 신랑과 신부의 만남이 자유로운 것은 아니다. 두 사람만의 밀폐된 공간에 있는 것은 금기시될 뿐만 아니라, 만날 때에도 가족 구성원들 중 한 명 이상이 동행한다.

약혼자들 간의 만남조차 제한하는 이슬람의 풍습은 '마흐람(maḥram)'에 따른 것이다. 마흐람이란 성숙한 여자가 함께 앉아 있는 것이 허용될 정도로 가까운 남자 친척들을 가리키는 용어다. 즉 아버지, 아들, 친오빠나 남동생, 할아버지, 삼촌, 조카와 같이 샤리아(sharīah)에서 혼인을 허용하지 않는 가까운 친척들을 의미한다. 마흐람은 무슬림들의 가족과 사회생활을 눈에 보이지 않게 통제하는 중요한 기준으로서 마흐람의 범위를 벗어나는 이성과의 만남은 철저히 규제되고 제한되는 것이 이슬람 사회의 일반적 관습이라고 할 수 있다.

제3단계는 약혼 선물 증정(Shabka)이다.

합의에서 결정된 약혼 선물을 신부에게 주는 것으로써 이 단계가 진정한 약혼식이다. 약혼 선물은 대개 금으로 된 반지, 팔찌, 귀걸이 등으로 구성되며 신랑의 경제적 능력에 따라 그 정도가 결정된다.

〈신부의 결혼예물〉

약혼이 끝나면 그때부터 혼인하기 전까지 짧게는 육 개월에서 길게는 이삼 년 동안의 약혼 기간이 계속된다. 이 기간 동안 남자와 여자는 서로를 약혼자라 부르며 지내는데 아직 완전한 혼인에 이르지 않았으므로 서로에게서 중대한 실수나 약점이 발견되면 파혼을 할 수도 있다. 신부 측에서 파혼을 할 경우 신부는 약혼 선물을 신랑에게 돌려주어야 하지만, 신랑 측이 파혼을 할 경우 약혼 선물은 신부의 소유가 된다.

제4단계는 결혼 계약서 서명(kataba al-khiṭbāh)이다.

결혼 계약서에 서명하는 단계다. 이 단계를 통해 두 사람의 결혼이 법적으로 인정을 받게 된다. 결혼 계약서에 서명함으로써 두 집 안은 공식적으로 강력한 유대 관계를 맺게 된다. 이 단계는 일종의 공인된 결혼 법무사인 마으둔(Ma`dhun)의 주재하에 진행된다. 결혼 서약 단계에서는 2명의 남자 증인 또는 1명의 남자 증인과 2명의 여자 증인이 반드시 참석해야 한다. 증인은 신랑이나 신부의 친척들 이 할 수도 있으며, 이들은 정상적인 사고를 갖춘 무슬림 성인이어 야 하고 그들이 결혼의 증인임을 알고 있어야 한다.

마으둔은 결혼 계약서를 작성하기 전에 신랑과 신부 보호자의 손 을 흰 손수건 위에 올리고 참석자들과 함께 코란 1장인 개경장을 읽고 축복을 한다.

이후 마으둔은 결혼 계약서에 신랑과 신부의 인적 사항, 합의한 혼납금 액수 및 증인의 인적 사항 등을 기록한 후 신랑, 신부 및 신 부의 보호자가 서명하게 하여 양 측에서 보관하도록 한다.

제5단계는 신혼 초야(Dukhla)다.

신랑 신부의 첫날밤이다. 결혼을 공개적으로 알리지 않고 비밀리 에 결혼식을 올리는 것은 이슬람의 전통에 위배되며 이슬람의 결혼 식은 사치스럽지 않은 범위 내에서 최대한 성대하게 올리고 많은 사 람들에게 알릴 것이 권장된다. 이는 사치스럽지 않은 범위 내에서 인생을 즐길 것을 허용하는 이슬람식 관습과 사고의 반영이다.

일부 아랍 국가에서는 신부의 순결의 표시로 첫날밤을 보낸 후 신 부의 처녀성을 확인할 수 있는 징표를 요구하기도 한다. 신부의 처녀 성은 남편의 명예이며, 남편만이 독점할 수 있는 아내에 대한 남편의 권한의 상징이기 때문이다. 또한 깨끗한 처녀를 며느리로 받아들였다 는 사실을 외부에 알림으로써 집안의 명예를 높인다고 생각했다. 그 러나 이런 관습은 아랍 사회에 여권의 신장과 함께 점차 사라지고 있 는 추세다.

(2) 이슬람 공동체 결혼의 특징

이슬람 사회의 결혼 제도는 다른 문화권과 구분되는 몇 가지 특징이 발견된다. 대표적인 것으로는 혼납금, 일부다처제, 내혼(內婚)의 풍습을 들 수 있다. 이들 제도는 서양인들에게 아랍 여성의 인권을 유린하는 야만적인 제도로 간주되어 많은 비난을 받고 있지만 이는 아랍·이슬람 사회에 대한 무지와 오해의 결과다.

혼납금과 일부다처제는 여성을 핍박하는 제도가 아니라 이슬람 이전 시대부터 사회적 약자였던 여성을 보호하기 위한 이슬람의 사회적 장치다. 또한 내혼은 부족 중심의 아랍 사회에서 공동체의 순수성과 단결을 유지하기 위한 불가피한 선택이었을 뿐이다.

① 혼납금

혼납금은 결혼 시 신랑이 신부에게 지불하는 돈으로서, 이슬람 결혼의 필수 조건이다. 아랍·이슬람 사회에서 혼납금은 신랑이 혼인 계약을 공고히 하기 위해 신부에게 지불하는 돈으로서, 사회적 약자인 여성을 보호하기 위한 사회적 보호 장치로서의 기능을 갖고 있다.

남성에게 유리하게 만들어져 있는 이혼 제도와 갑작스런 남편과의 사별 등 예상치 못한 상황이 벌어졌을 때 아랍 사회에서 여성을 보호할 수 있는 사회적 장치는 매우 미미하다. 혼납금은 이런 상황에 대비하기 위해 여성을 위한 일종의 사회 보험의 역할을 수행하고 있다.

남편은 혼납금에 대해 어떠한 권리도 갖지 못하는 여성의 개인 재산으로서 전적으로 여성의 책임하에 관리된다. 결혼 생활 중 가계(家計)가 힘들어져도 남편은 혼납금의 사용을 부인에게 요구할 수 없다.

또한 혼납금은 신랑의 경제적인 능력을 측정하는 수단으로서의 의미도 갖고 있다. 신랑의 경제적인 능력을 판단할 마땅한 방법이 없는 상태에서 혼납금은 이를 판단할 수 있는 기준이 되기도 한다.

현대 아랍 사회에서 혼납금은 신부의 아버지나 대리인에게 지급되기도 한다. 이런 관행은 신부의 부모 입장에서 결혼을 노동력의 상실이라고 보기 때문이다. 딸을 시집보냄으로써 신부 측 집안은 노동력의 상실을 초래하며 이를 금전적으로 보상받겠다는 의미가 내포되어 있다. 그러나 이런 경우도 혼납금을 본인의 동의 없이 친정에서 함부로 사용할 수 없도록 엄격하게 규제하고 있다.

코란에서 혼납금은 '파리다(farīḍah, 종교적 의무)' 또는 '싸다까(ṣadaqah, 헌금)'라는 용어로 사용되고 있는데, 이는 혼납금이 단지 상업적 거래가 아니라 이슬람의 종교적 의무이며, 사회적 보호 장치임을 의미한다.

혼납금의 액수는 신랑의 경제적 능력에 따라 조정이 가능하나, 혼납금 자체를 지불하지 않는 결혼은 법적인 효력을 상실하기 때문에 아랍의 결혼에서 혼납금은 필수적인 요소다.

이슬람의 결혼 관습에서 혼납금의 이런 특징 때문에 서구인들은 아랍의 결혼을 매매혼으로 공격하기도 하지만 서구인들의 이러한 인식은 이슬람의 결혼 제도에 대한 무지를 드러낼 뿐이다. 혼납금에 대해서는 코란과 하디스 등에서 구체적으로 규정하고 있다. 코란에 언급된 혼납금에 대한 규정은 아래와 같다.

[4:4]

결혼할 여자에게 혼납금(ṣadaqah)을 주라 만일 너희에게 그것의 얼마가 되돌아온다면 기꺼이 수락해도 되니라

[4:20]

만일 너희가 아내를 다른 아내로 다시 얻으려 할 때 너희가 그녀에게 준 금액 가운데서 조금도 가져올 수 없노라 너희는 그것을 부정하게 취득하려 하느냐 그것은 분명한 죄악이라

[4:25]

만일 너희가 그녀들과 동침하지 아니하고 혼납금(farīḍah)을 결정한 후 이혼을 했다면 결정된 혼납금의 절반을 지불해야 되거늘 그러나 여성이나 보호자가 용서한다면 제외라 또한 그 용서는 정의에 가장 가까운 것이거늘 양자 사이에 서로가 관대할 것을 잊지 말라

혼납금은 현금일 수도 있으며 금, 은 등의 보석류, 부동산, 가축 등도 허용된다. 요르단에서는 낙타, 밀, 의복 등을 혼납금으로 지불했다는 기록도 있다.

혼납금의 액수와 지급 방법은 결혼 계약 시 양가의 합의에 의해 결정되지만, 혼납금의 결정은 결혼 대리인의 가장 중요한 임무이기도 하다. 최대한 많이 받으려는 신부 측과 줄이려는 신랑 측의 의견을 얼마나 잘 조율하는가 하는 것이 결혼 대리인의 능력이다. 혼납금을 둘러싼 줄다리기는 가끔 결혼 이후에도 양측의 감정적 앙금으로 남아 있는 경우가 있어 가족 간 분쟁의 씨앗이 되기도 한다. 한국 사회에서 결혼 이후에 혼수와 관련한 시비가 가끔 일어나는 것과 유사한 현상이다.

이슬람에서 혼납금의 액수는 신랑 측에 부담이 가지 않는 적절한 액수가 권장되고 있다. 대부분의 무슬림 법학자들은 혼납금에 대한 최소액과 최대액을 지정하지 않았다. 하디스에 의하면 사도 무함마드는 '가장 축복받는 결혼은 최소의 비용으로 가장 간단하게 하는 결혼'이라고 말했다. 또한 사도의 교우가 결혼을 하려 했지만 혼납금이 없어 고민하고 있자 사도는 그에게 코란에 대해 알고 있는 것을 신부에게 알려 주는 것으로 혼납금을 대신할 수 있고, 주인이 노예를 아내로 맞이하면 그녀에게 자유를 줌으로써 혼납금을 대신할 수 있다고 말했다. 무함마드 생존 시절이나 그 이후에도 1달러도 못 되는 2디르함(dirham)을 혼납금으로 제공했다는 기록이 있다.

이처럼 이슬람 초기의 혼납금은 액수가 그다지 중요하지 않았다. 그러나 현대 사회에 와서 혼납금의 이슬람적 전통은 심각하게 훼손되고 있다.

수년 전의 보도에 따르면 120세의 사우디아라비아 노인이 18세의 어린 신부를 맞이하기 위해 30만US$를 혼납금으로 지불했다는 보도가 세상 사람들을 놀라게 한 적도 있다.

혼납금은 결혼 계약일이나 결혼식 날에 지급하거나, 특정한 날을 정해서 지급하기도 한다. 이혼을 방지하기 위해 혼납금의 조건을 결혼 시에는 아주 미미한 상징적인 액수만을 지불하고, 만일 이혼 시에는 막대한 금액을 지불하게 함으로써 이혼을 방지하고, 이혼 후 여성의 생계를 보호하기도 했고, 이슬람의 종교적 의무인 순례와 연계시켜 혼납금을 지불하기도 한다. 혼납금의 지급 방법에 대한 구체적인 사례는 다음과 같다.

① 혼납금은 10,000US$로 하며, 계약 시에 4,000US$, 결혼 당일에 6,000US$을 지급한다.
② 혼납금은 30,000US$로 하며, 계약 시에 2,000US$, 이후 7년 동안 매년 4,000US$을 지급한다.
③ 혼납금은 50,000US$로 하며, 10년 동안 매년 5,000US$을 지급한다.
④ 혼납금은 45,000US$로 하며, 계약 시에 5,000US$, 이혼 시에 40,000US$을 지급한다.
⑤ 혼납금은 금 500그램으로 하며, 2004. 9. 27일에 지급한다.
⑥ 혼납금은 10,000US$로 하며, 결혼 후 5년 안에 성지 순례를 했을 때 지급한다.

혼납금은 대개 여성이 미망인이 되거나 이혼녀가 되었을 때 경제적으로 독립해서 살아갈 수 있는 토대였고 재산으로 소유하고 상속할 수 있었으므로 사회적으로 안정된 위치를 기질 수 있게 하는 토대였다.

혼납금이 여성의 경제적 자유를 보장하고, 사회적 약자인 여성을 보호하는 기능이 있는 것은 사실이나 혼납금의 액수가 점차 증가함으로써 또 다른 사회 불안의 요인이 되고 있다.

부유한 일부 걸프 국가에서는 혼납금의 액수가 수백만 불을 초과하는 경우까지 발견되고 있다. 최근 요르단에서 혼납금이 10,000US$를 넘었다는 보도는 대학을 졸업한 요르단 젊은이들이 평균 연봉이 4000－5000US$인 점을 감안하면 혼인 적령기의 젊은이들이 감당하기 힘든 액수다. 또한 1931년부터 1974년까지 베이루트에서 이루어진 결혼 계약 3398건을 분석한 결과 매년 혼납금의 총액이 증가하고 있고, 평균 매 10년마다 2배 이상 증가하고 있었다.

물론 신랑의 집안과 경제적 능력, 신부의 학력, 미모, 연령, 신부의 가계 등의 요인에 따라 혼납금의 액수가 결정되지만, 과도한 혼납금으로 인해 결혼이 늦어지고 있는 것은 바람직하지 않은 현상이다. 특히 가난한 아랍 국가들의 젊은이들은 혼납금을 마련하기 위해 해외 취업을 하는 경우가 빈번해지고, 이는 독신자의 양산과 결혼의 노령화 현상을 초래해 사회적 문제를 초래하고 있기도 하다.

최근의 아랍 사회에는 노총각과 이혼녀 간의 결혼도 쉽게 볼 수 있다. 이는 여성의 초혼과 재혼에 따라 혼납금의 액수가 다르기 때문이다. 처녀일 경우 혼납금을 100으로 가정한다면, 이혼녀는 75, 미망인은 50의 혼납금을 지불하는 것이 관행이기 때문에 충분한 혼납금을 마련하지 못한 노총각들의 결혼 방식이 되고 있다.

② **일부다처제도**

서구 학자들이 아랍의 결혼 제도를 비판할 때 흔히 인용하는 제도가 아랍의 일부다처제도다. 그러나 일부다처제도는 구약성경과 신약성경에 언급된 선지자들의 경우에도 쉽게 발견되며, 고대 그리스와 로마, 비잔틴제국시대의 결혼 제도에서도 볼 수 있는 고대 사회의 보편적인 제도였다. 히브리인들의 가족 제도도 일부다처가 특징적인 제도였으며 고대 솔로몬 왕은 700명의 아내와 300명의 첩을 둔 것으로 알려져 있다.

전통 사회에서 일부다처제는 집단 간, 부족 간, 국가 간의 우호 친선 강화에 커다란 기여를 했으며, 이는 집단 간의 갈등을 해결하는 데 중요한 역할을 하기도 했다.

머독(G.P. Murdock, 1949)의 조사에 의하면 전통사회뿐만 아니라 그가 조사한 표본 집단 중 약 70% 이상의 사회에서 일부다처제가 나타났다고 보고하고 있는 것처럼, 이 제도는 여성 학대와 남성의 성적 욕구 충족을 위한 제도는 아니다.

아랍·이슬람 사회에서 일부다처제는 서구학자들이 주장하듯이 남성의 성적 유희를 위해 여성을 핍박하는 제도가 아니며, 그 시작은 A.D.7세기 아라비아반도의 정치, 사회적 상황과 긴밀하게 연관되어 있다.

아라비아반도에 이슬람 시대가 시작된 이후, 이슬람세력은 이슬람을 전파해 나가는 과정에서 숱한 전쟁을 경험했다. 특히, A.D.625년 무슬림과 우상 숭배자들 간의 우후드(Uhud)전투 등에서 무슬림 군인 중 많은 전사자가 발생함으로써 무슬림 공동체 내에 수많은 미망인들과 고아들이 발생했고 이들의 문제는 사회 문제로 확대되었다. 이들을 구제하기 위한 방책으로 일부다처제가 시행되었기 때문에 아랍·이슬람 사회에서 일부다처제는 사회 존속의 수단과 전쟁미망인들에 대한 사회 보장책의 일환으로 시작되었다 할 수 있다. 이슬람 사회에서 결혼에 대한 기본적인 입장은 일부일처제이지만 사회적인 필요성 때문에 일부다처제가 수용된 것이다.

다처를 둔 경우에도 모든 아내는 모두 정식 부인으로서 법적, 사회적으로 동등한 대우를 보장받는다. 남편의 사망 시 아내들은 동일한 유산의 권리를 가지며, 자식들도 적자와 시지의 구분 없이 동등한 권리를 부여받는다.

코란에 명시되어 있는 결혼에 대한 규정 역시 고아와 미망인의 구제를 위해 우흐드 전투 이후 언급된 것이다. 코란에 제시된 일부다처제에 대한 내용은 다음과 같다.

[4:3]

만일 너희가 고아들을 공정하게 대하여 줄 수 없을 것이라고 염려가 된다면 너에게 좋다고 여겨지는 여성과 결혼하라. 둘 또는 셋 또는 네 명도 좋으니라. 그러나 아내들을 공정하게 대해 줄 수 없을 것 같은 염려가 있다면 한 명의 여성과 결혼하라.

[4:129]

너희가 최선을 다한다 하여 아내들을 공평하게 할 수 없으리라. 한쪽으로 치우쳐 매달린 여인처럼 만들지 말라 만일 너희가 화해하고 알라를 공경한다면 하나님으로부터 관용과 자비가 있을 것이라.

위의 코란 구절에서 알 수 있는 것처럼, 이슬람 사회의 일부다처제는 전쟁고아들과 미망인들에 대한 사회 구제책의 일환이었으며, 여러 명의 부인들을 둠으로 인한 편애, 시기와 질투를 방지하기 위해 공평한 사랑과 관심을 베풀 것을 요구하고 있다.

이슬람 사회에서의 일부다처제는 무제한적인 일부다처제가 아닌 제한적인 일부다처제를 허용하고 있으며 부인들에게 정신적, 육체적, 경제적으로 동등하게 대우를 해 주어야만 한다는 조건하에서 가능하다. 즉 남편이 부인들을 공평하게 대하지 못하면 두 명 이상의 여자와 결혼할 수 없도록 했다(김용선, 1991: 372-4).

두 번째 부인을 얻을 경우는 반드시 첫 번째 부인의 동의를 구해야 하며, 세 번째 부인의 경우는 첫 번째와 두 번째 부인의 동의를 얻어야만 한다. 결혼한 남자가 처녀와 결혼할 경우는 새 부인과 일주일을 같이 보낸 후 기존의 부인들에게 공평한 시간과 기회를 배분해야 한다.

결혼한 경험이 있는 여자를 두 번째 부인으로 맞이한 경우는 3일간을 함께 보낸 후 다른 부인들과 동일한 시간을 공평하게 보내야 한다. 남편은 어떤 상황에서도 부인들을 공평하게 대해야 한다. 남편이 병들면 어느 부인과 함께 있을 것인가 하는 것은 부인들 자신이 결정하도록 했고, 남편이 순례나 여행을 할 경우에는 동행할 부인을 남편이 결정하도록 했다.

아랍의 일부다처제에서 남편의 부인들에 대한 공평함은 시간과 기회의 공평함을 의미하기 때문에 부인들과의 부부 관계를 똑같이 할 필요는 없다. 남편에게 요구되는 것은 같은 시간을 부인들에게 공평하게 나누는 것이기 때문이다.

이슬람의 일부다처제에서는 부인의 수도 4명으로 제한하고 있으며 이 경우도 여러 가지 조건을 충족해야만 한다. 4명의 부인을 얻을 수 있는 조건은 첫째는 부인의 불임(不姙)으로 인해 자손을 갖지 못할 경우, 둘째는 부인이 성적으로 불구자이거나 심한 질병으로 성생활을 할 수 없을 경우, 셋째, 전쟁이나 천재지변 등으로 인해 여성의 숫자가 남성의 숫자보다 절대적으로 많을 때 등으로 제한하고 있다.

이슬람의 일부다처제는 위의 조건을 충족시켜야만 하고, 여러 명의 부인을 맞이한 후에도 공평한 사랑과 관심을 베풀지 못할 경우 사회적 지탄을 받는다.

20세기 이후에 이슬람 사회의 일부다처제는 일부 제한된 국가와 지역에서만 시행되고 있다. 일부다처제를 종교적 전통으로 승인하는 나라는 사우디아라비아, 쿠웨이트, 아랍 에미리트, 리비아, 요르단,

모로코, 이집트 등이며, 시리아, 모로코 등은 둘 이상의 부인을 두려면 법원의 허락을 받도록 했다. 아랍 에미리트의 경우는 남편과 사별한 여성에게 국가는 월 2,000US$의 생계비를 보조해야 하는데, 재혼할 경우 정부는 이런 재정 부담에서 벗어날 수 있기 때문에 일부다처를 허용하는 경우도 있다. 그러나 대부분의 아랍 국가들은 일부다처제를 법으로 금지하거나 사실상 불가능하게 규정하고 있다. 튀니지는 1956년 아랍 국가 최초로 일부다처제를 법으로 금지했다.

1970년대에 사흐 크라스(Sahouh al-Khhras)가 다마스커스에서 일부다처제의 실태를 조사한 결과 결혼한 남성의 단지 2%만이 1명 이상의 부인을 두고 있었다는 보고는 아랍 사회에 일부다처제가 사실상 사라지고 있음을 보여주고 있다.

그러나 일부다처제를 악용한 변형된 결혼 형태는 현대에 와서 다시 부분적으로 등장하고 있다. 부유한 걸프 국가의 사람들이 가난한 아랍 국가에서 여름휴가를 즐기는 동안 현지의 여성들과 임시 결혼을 하는 사례가 늘고 있다. 이런 결혼은 결혼이라기보다 매춘에 가깝지만 사회적으로 용인되고 있는 현실이다. 경제적으로 부유한 자들의 성적인 욕망과 가난한 자들의 금전적 욕망이 빚어낸 결과다. 물론 이런 결혼은 법적으로 무효지만 비이슬람적인 이런 사례가 발견되고 있는 것이 오늘날 아랍의 현실인 것도 사실이다.

③ 내혼(內婚)과 금지된 결혼

아랍 사회는 근본적으로 사회를 구성하는 단위를 개인이 아닌 가족으로 인식한다. 개인의 권리와 지위는 가족 집단을 통해 발휘되기 때문에 모든 구성원들은 가족의 지속성을 유지하고 공동체 내에서 지위를 개선시키기 위해 노력한다. 구성원 각자의 성공과 실패는 가족 전체의 것이므로 다른 구성원들의 행동에도 연대 책임을 지게 된다. 따라서 아랍 사회에서는 혈연관계를 강화하고, 집단적 목적과 이익을 추구하기 위해 내혼이라는 관습이 발생하게 되었다.

중동 지역의 고대 사회에서 내혼은 선민의식을 가졌던 지배계급에서 두드러지게 나타났다. 그들은 자신의 재산을 보호하고, 통치 권력을 강화하며 순수한 혈통을 보존하기 위한 수단으로서 내혼을 선택했다. 즉 지배계급은 신으로부터 선택받은 순수 혈통이기 때문에 이를 보호하기 위해 내혼은 필수불가결한 선택이었다. 또한 코란에서는 여성의 재산권과 함께 여성의 상속권도 명시하고 있기 때문에, 다른 부족과의 결혼으로 인한 재산의 유출을 방지하기 위한 효과적인 수단으로서 내혼이 이루어졌다. 내혼을 함으로써 신랑은 신부에게 보다 적은 혼납금을 지급할 수 있고 동족 내에서 가족 재산의 이탈을 방지할 수 있을 뿐만 아니라, 친족의 결속을 강화하고 신부와 그녀의 직계 혈족과의 분리를 막음으로써 분쟁의 원인을 줄인다는 이점을 가지고 있다. 내혼에 대한 이런 인식은 아랍 사회뿐만 아니라 인도의 카스트 제도 등 다른 많은 사회에서도 발견된다.

아랍 사회 내혼의 대표적인 형태는 부계 혈족 범위 내에서 이루어진다. 그러나 아랍 사회의 내혼은 부계혈족의 범위 내에서 이루어지는 친척 간의 근친결혼뿐만 아니라 넓은 의미로 같은 종교 분파, 공동체, 마을 또는 지역 내에서의 결혼을 포함한다.

코란에 따르면, 아담과 하와는 하나님이 창조한 최초의 남녀다. 따라서 인류의 모든 조상을 끝까지 소급하여 올라가 보면 결혼 배우자의 조상은 동일하게 된다. 모든 인간은 아담과 하와의 자손이므로, 결국 오늘날 모든 남녀의 결혼은 궁극적으로 내혼으로 볼 수밖에 없다는 것이다.

따라서 내혼으로 인한 우생학적 우려가 있음에도 불구하고, 대부분의 아랍인들에게 내혼은 이상적인 결혼 형태로 간주되며 가장 권장되는 결혼 형태이기도 하다.

아랍 가정에서 혼인 연령에 이른 딸을 둔 가장은 사윗감을 물색

할 때 4촌의 범위 내에 우선권을 두었고 마땅한 대상을 발견하지 못했을 경우 범위를 넓히거나 속외혼을 하는 것이 일반적인 관습이다. 그러나 내혼의 경우도 모든 경우가 허락되는 것이 아니라 그 범위를 구체적으로 제한하였다. 코란에 언급된 결혼이 허락되지 않는 대상은 다음과 같다.

[4:22]
너희 아버지들이 결혼한 여자들과 결혼하지 말라 과거에 지나간 것은 제외되나 그것은 수치요 증오이며 저주받은 관습이라

[4:23]
너희들에게 금지된 것이 있으니 어머니들과 딸들과 누이들과 고모들과 외숙모들과 형제의 딸들과 누이의 딸들과 너희를 길러준 유모들과 같은 젖을 먹고 자란 양녀들과 아내들의 어머니들과 너희 부인들이 데려와 너희의 보호를 받고 있는 의붓딸들이라 너희가 아직 그녀들과 부부생활을 하지 아니했다면 너희가 그들의 딸들과 결혼해도 죄악이 아니나 너희 아들들의 아내들과 결혼은 금지라 또한 너희가 두 자매를 동시에 부인으로 맞아도 아니되나 지나간 것은 예외라

코란의 이러한 언급은 이슬람 이전 시대에도 내혼은 아랍 사회의 일반적인 관행이었으며 그 결혼 대상도 정상적인 범위를 넘는 경우가 있었음을 의미한다. 즉 생모가 아닌 어머니, 이복형제, 조카, 장모, 양녀, 처제 등과의 결혼 등 결혼의 질서가 극히 문란하였다. 이슬람 이전 시대의 잘못된 결혼 관행을 이슬람 시대 이후 결혼의 범위를 제한함으로써 정비하였기 때문에 이슬람 사회의 결혼 제도는 체계를 갖출 수 있었다.

이슬람에서는 신앙이 없는 여성이나 우상숭배자와의 결혼은 금지

하고 있다. 이는 이슬람교를 보호하기 위한 방안으로서 우상숭배자
나 신앙이 없는 여성을 맞아 들였을 경우 우려되는 이슬람의 파괴를
막으려는 목적이다. 코란에 언급된 우상숭배자와 신앙이 없는 여성
과의 결혼에 대한 언급은 다음과 같다.

[2:221]

믿음이 없는 여성과 결혼하지 말라 믿음을 가진 여자 노예가 믿
음이 없는 유혹하는 매혹의 여자보다 나으니라 또한 믿음이 없는 남
성들이 믿음을 가질 때까지 딸들을 결혼시키지 말라 믿음을 가진 노
예가 믿음이 없는 유혹하는 매혹의 남성보다 나으니라 이들은 지옥
으로 유혹하도다

[4:25]

너희 가운데 부유하고 신앙이 두터운 여성과 결혼할 수 없는 자
는 너희들의 오른손이 소유한 자들 가운데서 신앙심이 두터운 하녀
들과 결혼함이 나으니라

코란에서는 우상숭배자들과의 결혼은 반대한 반면 이슬람교 이전
의 유일신 종교인 기독교와 유대교도와의 결혼은 허용하고 있다. 이
는 이들 종교의 선지자들 역시 이슬람교의 선지자들이며 하나님의
사자(使者)라는 이슬람식 인식과 관련이 있다. 그러나 이런 결혼은
남자들에게만 허용되었고, 무슬림 여자의 경우 기독교나 유대교 남
자와의 결혼은 허용되지 않았다. 이는 역시 이슬람의 파괴와 훼손을
방지하려는 의도로 보인다. 이와 관련된 코란 구절은 다음과 같다.

[5:6]

그대 이전에 성서를 받은 자들의 여성들도 너희가 그녀들에게 혼

납금을 지불하고 그들과 화목하게 살 때는 허락된 것이거늘 간음을 해서도 안 되며 내연의 처를 두어서도 아니 되나니

결혼을 옹호하는 이슬람의 이런 교리는 무슬림 사회의 모든 부분에서 완벽히 이행된 것은 아니다. 몇몇 수피주의자들은 결혼을 삼가고 금욕적인 생활을 함으로써 자신의 정신적 수양을 더욱 중요하게 여겼다. 하지만 이들은 소수였고, 이슬람 내부에 많은 영향을 끼치지는 못했다.

[16:72]
하나님은 너희를 위해 너희 중에서 배우자를 두어 너희 아내들로부터 아들과 자손을 갖게 하고……

[30:21]
너희 자신들로부터 배필을 창조하여 그 배필과 함께 살게 하심도 그분 예증의 하나이며……

사도 무함마드는 결혼을 하지 않기 위해 낮에 금식하고 하나님께 기도하는 행위는 옳지 않다고 하였다. 즉 결혼은 본래 하나였던 두 영혼이 하나로 합치는 과정이라고 믿기 때문에 이슬람 사회에서 독신은 경계된다. 아랍 속담에 '신체에 이상이 없는 독신자는 악마의 형제', '결혼은 신앙의 절반이다' 등의 속담은 이슬람 사회에서 결혼의 중요성을 말해주고 있다.

【코란 속의 결혼】

■ 믿음이 없는 여성과 결혼하지 말라. 믿음을 가진 여자 노예가 믿음이 없는 유혹하는 매혹의 여자보다 나으니라. 또한 믿음이 없는 남성들이 믿음을 가질 때까지 딸들을 결혼시키지 말라. 믿음을 가진 노예가 믿음이 없는 유혹하는 매혹의 남성보다 나으니라……(제2장 221절)

■ 만일 너희가 고아들을 공정하게 대처하여 줄 수 있을 것 같은 두려움이 있다면 좋은 여성과 결혼하라. 두 번 또는 세 번 또는 네 번도 좋으니라. 그러나 그녀들에게 공평을 베풀어 줄 수 없다는 두려움이 있다면 한 여성이거나 너희 오른손이 소유한 것이거늘. 그것이 너희를 부정으로부터 보호하여 주는 것보다 적합한 것이라.(제4장 3절)

■ 너희 아버지들이 결혼한 여자들과 결혼하지 말라. 과거에 지나간 것은 제외되나 그것은 수치요 증오이며 저주받은 관습이라. (제4장 22절)

■ 너희들에게 금지된 것이 있으니 어머니들과 딸들과 누이들과 고모들과 외숙모들과 형제의 딸들과 누이의 딸들과 너희를 길러준 유모들과 같은 젖을 먹고 자란 양녀들과 아내들이 데려와 너희의 보호를 받고 있는 의붓딸들이라. 너희가 아직 그녀들과 부부생활을 하지 아니했다면 너희가 그들의 딸들과 결혼해도 죄악이 아니나 너희 아들들의 아내들과 결혼은 금지라. 또한 너희가 두 자매를 동시에 부인으로 맞아도 아니 되나 지나간 것은 예

외라. 하나님은 실로 관용과 자비로 충만하심이라.(제4장 23절)

■ 이미 결혼한 여성과도 금지되나 너희들의 오른손이 소유한 것은 제외라. 이것은 하나님의 명령이며 이 외에는 너희를 위해 허락이 되었으며 간음이 아닌 합법적 결혼을 원할 경우 지참금을 지불해야 되나니. 너희가 그들과 결혼함으로써 욕망을 추구했다면 그녀들에게 지참금을 줄 것이라. 그 의무가 행하여진 후에는 쌍방의 합의에 의한 것에 관하여는 너희에게 죄악이 아니거늘 실로 하나님은 만사형통하심이라.(제4장 24절)

■ 너희 가운데 부유하고 신앙이 두터운 여성과 결혼할 수 없는 자는 너희들의 오른손이 소유한 자들 가운데서 신앙심이 두터운 하녀들과 결혼함이 나으니라. 하나님은 너희들의 믿음을 잘 아시고 계시며 또한 너희는 아담의 한 자손이라. 그러므로 그녀 보호자의 허  락을 얻어 결혼하되 적절한 지참금을 지불할 것이라. 그들은 순결하니 간음하지 말 것이며 정부를 두어서도 아니 되거늘 만일 그녀들이 결혼해서 간음을 한다면 그녀들에게는 자유 신분을 가진 여성이 받은 벌의 절반이라……(제4장 25절)

■ 간통한 남자는 간통한 여자 또는 신을 믿지 아니한 여자 외에는 결혼할 수 없으며, 간통한 여자는 간통한 남자 또는 신을 믿지 아니한 남자 외에는 결혼할 수 없나니. 이것은 믿는 신도들에게 금지되어 있노라.(제24장 3절)

■ 결혼할 능력을 갖지 못한 자에게 하나님께서 그분의 은혜로 능력을 줄 때까지 자제하라고 하라……(제24장 33절)

2) 이혼과 재혼

　이슬람의 이혼(طلاق)은 매우 현실적인 인식에 바탕을 두고 있다. 결혼은 무슬림의 의무 사항이지만 결혼 생활의 파탄으로 인해 애정이 없는 결혼 생활을 강요하지는 않는다. 부부간의 사랑이 없는 강요된 결혼 생활을 지속함으로써 하나님에 대한 신앙심이 훼손될 우려가 있다면 이혼이 낫다는 인식을 보이고 있다. 또한 부부가 함께 해결할 수 없는 불화가 있다면 본인들과 자손과 사회를 위해 헤어지는 것이 낫다는 견해도 보이고 있다. 이는 이혼에 관하여 기독교와 유대교 등의 다른 종교에 비해 이슬람은 매우 개방적인 태도를 갖고 있고, 진정하고 올바른 신앙생활은 일상의 행복에 바탕을 두고 있다는 이슬람식 사고의 반영이다.

　물론 이슬람에서 이혼을 권장하지는 않는다. 하디스에 '하나님이 가장 혐오하는 것은 이혼이다'라고 언급하고 있는 것처럼, 이혼을 경계하고 있지만, 이슬람은 이혼을 더 큰 불행을 예방하기 위해 고통이 따르지만 절제해야만 하는 외과적 수술과도 같다는 인식을 갖고 있다. 따라서 이슬람에서는 어쩔 수 없는 최후의 선택으로 이혼을 수용하고 있으며, 모든 이혼을 비난하지는 않는다.

　이슬람에서의 모든 이혼은 쌍방 중 어느 한쪽이 다른 한쪽과 결혼 생활을 더 이상 지속할 수 없는 상황을 조건으로 한다. 예를 들면 성적(性的) 불구, 종신 옥살이, 오랜 연락 단절, 가족과 아내의 부양 의무 외면, 간통, 폭행 등의 납득할 수 있는 이유에서만 이혼이 허용된다. 그러나 이런 상황에서도 아내가 이혼을 원하지 않을 때에는 이혼이 성립되지 않는다.

　또한 이슬람의 이혼은 구두나 서면으로 이루어지지만 그것은 증인들 앞에서 이루어져야 하고, 강압, 권력의 탄압, 중독이나 흥분 상태, 분노나 농담, 실수나 부주의한 잘못으로 인한 이혼은 인정하지 않는다.

이슬람 이혼의 두드러진 특징은 이혼의 권리를 남녀에게 공평하게 주고 있다는 점이다. 유대교에서는 이혼의 권리는 남편에게만 주어졌고, 기독교에서는 쌍방의 어느 한쪽이 부정한 행위를 저질렀을 때만 이혼이 허용되었다. 또한 힌두교에서는 한 번 혼인이 이루어지면 그 혼인은 취소될 수 없는 것으로 간주했다.

이러한 기성종교의 관행에 비해 이슬람에서는 이혼에 대한 아내의 권리를 인정하고 오히려 남편의 권리를 제한하고 있다. 여성의 생리 기간 동안은 여성의 정상적인 판단이 곤란하다고 생각하여 그 기간 동안은 이혼이 금지되며, 임신한 경우에는 분만 때까지 이혼이 유보된다. 이런 관행은 이슬람 이전 시대 남성 중심의 아랍적 관행을 개선한 것이라 할 수 있다.

이슬람에서는 부부의 어느 한쪽이 이혼을 요구할 경우 먼저 당사자들이 스스로 문제를 해결하기 위한 충분한 노력을 할 것을 요구하고 있다. 이 노력이 실패할 경우 대리인을 통한 중재와 충분한 심사숙고를 거친 합의를 요구하고 있다.

코란에서는

"너희 부부 사이에 헤어질 우려가 있다면 남자 가족에서 한 사람, 여자 가족에서 한 사람 중재자를 임명하라. 만일 화해를 원한다면 하나님은 그들을 다시 한마음으로 하시나니."(4:35)

라고 언급하고 있다. 즉 감정적으로 불편한 당사자들이 아닌 신뢰할 수 있는 중재인을 통해 쌍방의 화해를 주선함으로써 이혼을 막으려는 노력을 한다. 그럼에도 불구하고 이혼이 불가피한 경우, 결혼과 마찬가지로 사회적 약자인 여성이 정신적, 사회적, 경제적으로 불이익을 당하지 않도록 이슬람은 세심한 배려를 하고 있다.

남편은 이혼을 위해 자신의 아내를 험담하거나 모략해서는 안 되며, 이런 행위가 근거 없는 경우에 남편에게는 사회적, 법적 제재가 가해진다. 자녀의 양육권 문제가 발생할 경우에는 법원의 판결에 따라 양육에 합당하다고 생각되는 쪽에 자녀를 맡긴다.

경제적인 측면에서는 결혼 전 아내의 재산과, 혼납금 등 아내의 재산에 남편은 손댈 수 없다. 특히 이 부분은 코란에 여러 차례 언급되어 있다.

> "여성과 동침하기 전 또는 여성에게 혼납금을 결정하기 전에는 이혼을 하여도 죄악이 아니나 그녀들에게 합당한 선물을 하라 부유한 자는 부유한 대로 가난한 자는 가난한 대로 자기의 능력에 따르되 합당한 선물은 의로운 자들에 대한 의무라." (2:236)

> "만일 너희가 그녀들과 동침하지 아니하고 지참금을 결정한 후 이혼을 했다면 결정된 지참금의 절반을 지불해야 되거늘 그러나 여성이나 보호자가 용서한다면 제외라. 또한 그 용서는 정의에 가장 가까운 것이거늘 양자 사이에 서로가 관대할 것을 잊지 말라."(2:237)

> "이혼한 여성들에게도 능력에 따라 부양금을 주어야 하거늘 이것은 의로운 신앙인들의 의무라."(2:241)

> "너희가 믿는 여성과 결혼하여 동침하기 전에 이혼하려 할 때 너희는 일정 기간을 계산할 권리가 없나니 그녀들에게 일정한 자선금을 지불하고 그녀들을 자유롭고 친절하게 대하라."(33:49)

이혼 시에 혼납금은 이혼 당사자들에게 중요한 사안이다. 만약 남편이 이혼을 요구할 경우에 혼납금은 아내의 몫이 되지만, 아내가 이혼을 요구하는 경우에는 남편은 혼납금을 돌려받을 권한이 생길 수도 있다.

이처럼 이슬람에서 이혼을 하기 위해서 남성은 여성이 이혼 후 경제적으로 곤경에 취하지 않을 만큼의 배려를 요구하고 있다.

이혼의 과정도 이혼 신청 후 '잇나(ةّدع)'리 불리는 법정 기간을 두고 있다. 이 기간의 원래 의미는 임신 사실을 모른 채 이혼하고 곧바로 재혼할 경우 아이의 부모를 가리는 문제가 발생할 수 있기 때문에, 여성은 이혼 후 3–4개월에 해당하는 법정 기간이 지난 후에만 재혼이 가능하다. 이 법정 기간 동안에 남편은 아내를 부양해야 할 의무가 있다. 잇다의 원래 의미는 전술한 것처럼 빠른 재혼으로 인한 친자 확인 문제 때문에 만들어졌지만, 이 기간 동안 쌍방이 충분한 시간을 갖고 숙고함으로써 이혼을 방지하려는 노력의 일환이기도 하다. 물론 잇다 동안의 재결합은 얼마든지 가능하며 오히려 권장 사항이다. 코란에서는

"아내와 멀리하고자 하는 자는 사 개월을 기다려야 되니라. 만일 그 기간에 다시 돌아온다면 실로 하나님은 관용과 자비를 베푸실 것이라."(2:226)

"이혼한 여성은 삼 개월을 기다리게 되나니 이는 하나님께서 태내에 창조한 것을 숨기는 것을 막고자 함이라. 만일 그들이 하나님과 내세를 믿어 남편이 돌아올 의사가 있을 때는 남편은 이 기간에 돌아올 권리가 있으며 또한 여성과 남성이 똑같은 권리가 있으나 남성이 여성보다 위에 있나니."(2:228)

모든 절차가 끝나고 잇다가 만료되면 두 남녀는 서로에 대한 의무로부터 자유로워지고 이혼이 성립된다.

이슬람에서는 이혼 후의 여성이나 남편과 사별한 여성의 보호에도 적극적인 배려를 하고 있다. 여성의 재혼은 남성의 재혼과 마찬가지로 지극히 자연스러운 것으로서, 여성은 이혼 후 잇다가 완료되면 재혼할 수 있으며, 전 남편은 여성의 재혼을 방해하지 못하도록 했다.

결혼을 하였으나 동침하기 전에 이혼하는 경우에는 잇다의 의미가

없으므로 잇다를 기다릴 필요 없이 재혼할 수 있다. 코란에서는

"믿는 신앙인들이여, 강제로 여성들을 유산으로 남기는 것은 허락되지
아니하며 그녀들이 재혼하려 할 때 방해하지 말 것이며 너희가 그녀들에
게 준 것의 일부를 빼앗기 위해 그녀들을 학대해서도 아니 되니라."(4:19)

"아내와 이혼을 하고 법정 기간을 채웠을 때 그녀들에게 돌아오거나
또는 그녀들을 자유롭게 하여 줄 것이며 그녀들을 괴롭히기 위해 또는
부당한 이익을 취하기 위해 그녀들에게 돌아오지 말라."(2:231)

"남편이 죽어 과부를 남길 때 그 과부는 사 개월 십 일을 기다려야
하노라. 만약 법정 기간에 이르렀을 때 과부가 자신들을 위해서 행하는
것에는 죄가 없나니 하나님은 너희들이 알고 있는 모든 것을 알고 계
시니라."(2:234)

"과부 여성과 약혼을 하거나 마음에 뜻을 두는 것은 죄가 아니거늘
이는 하나님께서 너희들이 마음에 새기고 있음을 알고 계심이라. 그러
나 기다리는 법정 기간 동안에 비밀리 약혼을 해서는 안 되며 그 법정
기간이 끝날 때까지 결혼을 해서도 아니 되니라."(2:235)

"너희들 중에 아내를 남기고 임종하는 자는 아내를 위해 유언을 하
고 일년간 아내는 나가지 아니하고 부양을 받노라. 만일 그녀들이 스스
로 떠나거나 또는 스스로를 위해 도덕에 어긋나지 않는 일을 한다 해
도 죄악이 아니거늘."(2:240)

이처럼 이슬람 사회에서 여성은 결혼과 이혼, 재혼에 있어 남성과
동등한 권리를 갖는다. 사회적 약자였던 여성을 보호하기 위해 이슬
람은 여성의 지위와 관련된 것이라면 아주 세세한 것까지 규정을 두
고 있을 뿐 아니라 여성에 대한 우월의식을 지닌 아랍인들에게 엄중
한 경고를 하고 있다.

한국 사회에는 이슬람 공동체의 결혼과 이혼 관습에 대해 잘못 알려진 정보들이 많고 이를 확인할 구체직인 방법이 없는 상황에서는 이를 수용하게 된다. 특히, 아랍과 인도 등의 이슬람 국가에서 남성이 단지 이혼을 세 번 외침으로써 이혼이 성립될 수 있다는 등의 외신을 접할 때면 이런 관행이 잘못된 아랍 관행임에도 불구하고 마치 이슬람의 관행인 것처럼 믿는 경향이 있다. 남편의 단순한 변덕으로 아내와 이혼할 수 있다는 생각은 이슬람의 이혼 제도에 대한 심각한 왜곡이라 할 수 있다.

이슬람에서는 한 번 이혼을 선언 한 후에 잇다를 거치고, 이런 과정이 3번 반복될 때 완전한 이혼(또는 가장 좋은 이혼)으로 간주하고, 잇다를 두지 않고 세 번 이혼을 선언하는 것은 이슬람 이전 시대의 아랍적 관행이다.

현재의 아랍 사회에는 아랍적인 관행과 이슬람적인 관행이 공존하고 있는 것이 사실이다. 모든 아랍인들이 무슬림이 아니고 모든 무슬림들이 아랍인이 아닌 것처럼, 아랍 사회의 모든 관행과 통과의례가 이슬람의 관행은 아니다.

전술한 것처럼, 남녀평등 사상을 중시하는 이슬람에서는 다른 문화권에 비해 사회적 약자인 여성의 인권과 권리를 보호하기 위한 많은 사회적 장치들을 갖추고 있다. 코란에서는 다양한 일이 일어날 수 있는 인간 사회에서 이혼은 어쩔 수 없는 필요악으로 해석하고 있고 그 불가피성으로 인해 이혼에 대해 비교적 관대한 입장을 취하고 있다. 따라서 결혼의 경우처럼 이혼의 경우에도 여성에 대해 관대함을 요구하는 것은 이슬람 문화의 특징이라 하겠다.

3. 금기, 명절, 의복, 음식, 목욕 · 화장실

1) 금   기

아랍세계의 금기사항(하람)은 대부분 이슬람 교리에 따른 것들이다. 대부분의 아랍 국가에서는 술과 마약을 공식적으로 금지하고 있으며, 또한 돼지고기와 짐승의 피를 재료로 한 음식(순대) 또한 하람(حَرَام)이다.

공개된 장소에서는 남녀 모두 반바지 차림이나 노출이 심한 옷은 입지 않는다. 수영장에서도 여자들은 옷을 입고 '히잡(حِجَاب)'을 쓰고 수영하며, 대부분 여자들을 위한 수영장은 클럽의 한쪽 구석에 위치해 있다. 아파트에 부부가 아닌 남녀가 같이 있는 것도 하람이며, 공공장소에서 키스를 해서도 안 된다. 많은 경우 여자에게 같이 사진을 찍자고 요청하는 것도 삼가야 한다.

코란과 성경은 소중히 다루어야 한다. 바닥에 아무렇게나 내버려두어서는 안 되며 책 더미 밑에 두어서도 안 된다. 대개의 경우 무슬림들은 정결한 상태에서 코란을 만진다. 이슬람, 코란, 무함마드를 비난하는 것은 실정법 위반이며, 예배를 드리는 사람 앞을 가로질러 가거나 주변에서 떠드는 행위, 라마단 단식 기간 중 무슬림들 앞에서 식사를 하는 것도 금기사항이다.

결혼이나 약혼을 하지 않아도 반지를 끼는 것은 허용되지만, 남자가 금반지를 끼는 것은 금지되며 주로 은반지를 선호한다. 오른쪽이나 왼쪽 어느 곳에 반지를 끼어도 관계는 없다. 한편 금이나 은으로 된 식기 사용은 하람이며, 백발을 검은색을 제외한 다른 색으로 염색하는 것도 금기사항이다.

식사 대접을 할 때 돼지고기나 술을 내어 놓아서는 안 된다. 또 왼손으로 음식을 먹거나 왼손으로 물건을 주고받지 않는다.

2) 명 절

아랍인들의 가장 크고 중요한 명절(عيد)은 희생제(이들 아드하)와 단식 종료절(이들 피트르)이다.

이들 아드하는 이슬람세계에서 가장 중요한 명절이다. 이슬람력 12번째 달 10번째 날이며, 이날은 순례를 마치는 날이다. 순례를 하지 않은 사람들에게는 희생 동물을 바치는 날 바로 전날의 대중 기도 집회의 날이지만, 메카 순례를 행하는 사람들에게는 순례의식의 끝맺음을 의미하는 희생물을 바치는 날이다.

이들 아드하는 아브라함이 하나님의 뜻에 따라 아들을 희생물로 바치지 않고 양을 바친 것을 기념하는 날이다. 아브라함이 자신의 아들(기독교에서는 이삭이라고, 이슬람에서는 이스마일이라고 주장한다-필자 주)을 희생물로 바치려는 순간 천사 가브리엘이 양을 가지고 나타나 양을 대신 신에게 바쳤다고 한다. 이슬람은 아브라함이 희생물을 바치던 곳이 메카 외곽의 미나였다고 여긴다.

순례기간 중에 미나의 기둥들에 돌을 3번 던지는 의식을 행하는데 이는 희생제를 그만두라고 아브라함을 유혹하던 악마에게 돌을 던져 쫓던 아브라함의 행위를 기리기 위한 의식이다.

이들 아드하 날 아침에 사람들은 함께 모여 기도를 드린다. 기도 후 이맘이 국가와 움마를 위해 양 한 마리를 희생시킨다. 그 후 자신의 가족을 위해 또 한 마리의 양을 희생시키게 된다. 무슬림들은 각자 자신의 집으로 돌아가 가장이 양이나 낙타, 황소를 자신의 가족들을 위해 희생시킨다. 그 후 며칠 동안 가족들과 친척들은 모여 희생시킨 양을 여러 가지 방법으로 요리하여 먹는다.

희생제는 반드시 가장이 아니더라도 상관은 없지만 주로 남자에 의해 치러진다. 그는 메카를 향해 먼저 의식을 행하려는 목적과 성격을 분명하게 언급하는 의식적인 의도를 표명한다. 희생제를 맡은 사람의 이름을 언급한 다음 '알라의 이름으로'(بِاسْمِ الله), '알라는 가장 위대하시다'(الله أَكْبَر)라고 외친 후, 동물의 목을 한번에 자른다. 남자가 없는 가정에서는 친척이나 모스크의 이맘에게 희생 의식을 부탁하기도 한다. 잔치는 3일 동안 계속되고 그때 가족들과 친척들을 상호 방문하여 인사를 나누고 음식을 나누어 먹는다.

이들 아드하는 사도 무함마드가 메디나에 머물며 메카순례를 행할 수 없을 당시 이슬람력 2년에 제도화되었다.

이들 피뜨르는 이들 아드하 다음으로 큰 명절이다. 라마단달(이슬람력 9월)의 단식(싸움)이 끝나는 새 달(月)이 나타난 후에 이들 피뜨르가 시

작된다. 외부의 넓은 장소에 마을 사람들 모두가 모여 특별 기도를 행한다. 이때 '자카툴 피뜨르(زَكَاة الْفِطْر)'라고 불리는 특별 자선금을 낸다. 이때 모은 성금은 조금씩 가난한 사람들에게 분배한다. 이들 피뜨르는 보통 3일 동안 지속된다.

3) 의　복

아랍세계의 무더운 사막 기후가 아랍세계만의 독특한 의복문화를 형성시켰다.

여름에는 흰색의 면(綿), 겨울에는 회색이나 검은색의 모(毛)로 된 '싸웁'(ثَوب, 천 혹은 옷)이라는 옷을 입는다. 이 싸웁은 지역에 따라 '잘라비야(جَلابِيَّة, 이집트에서는 갈라비야)' 혹은 '디쉬다쉬'라고 불린다.

남성들은 머리에 면으로 된 '쿠피야(كُوفِيَّة)'를 쓴다. 이것은 일종의 두건이며 '타제야'라고도 한다. 이 쿠피야 위에 쇼울과 비슷한 천을 덮어 쓴다. 이 쇼울은 사우디아라비아와 걸프만 국가들에서는 '쿠트라'라 불리며, 요르단에서는 '핫타'라고 불린다. 그 외 지역에서는 일반적으로 쿠피야라고 하면 두건과 쇼울을 함께 의미한다. 쿠피야는 다양한 디자인이 있으나 아라비아반도에서는 희색과 붉은색 체크무늬로 된 것이 주로 사용된다.

쿠피야를 머리에 지지하는 것은 '이깔(عِقَال)'이라고 불린다. 이깔은 주로 염소털로 만들어지며, 초창기에는 낙타 고삐 줄을 사용하기도 하였다.

걸프 지역의 여성들은 '아바(عَبَاء)'라고 불리는 검은 외투와 머리 쇼울을 쓴다.

아랍 여성들이 사용하는 얼굴 가리개는 '히잡'이라고 불리며, 종류에 따라 '부르꾸으(بُرقُع)', '키마르', '리쌈'

등이 있다.

무슬림들이 성지 순례 시 몸에 걸치는 두 장의 흰 천은 '이흐람(مَإِحرَام)'이라 불린다.

【코란 속의 의복】

■ 아담의 자손들이여 너희들에게 의상을 주었으니 너희의 부끄러운 곳을 감추고 아름답게 꾸미라. 그러나 하나님을 공경하는 의상이 제일이니라. 그것이 곧 하나님의 증표이거늘 그들은 기억하리라.(제7장 26절)

■ 하나님은 너희에게 그늘을 주사 산 계곡에 피서지를 주시고 의복을 주어 더위를 피하게 하셨으며 갑옷으로는 적을 방어토록 하셨노라……(제16장 81절)

■ 믿는 여성들에게 일러 가로되 그녀들의 시선을 낮추고 순결을 지키며 밖으로 나타내는 것 외에는 유혹하는 어떤 것도 보여서는 아니 되니라. 그리고 가슴을 가리는 머릿수건을 써서 남편과 그녀의 아버지, 남편의 아버지, 그녀의 아들, 남편의 아들, 그녀의 형제, 그녀 형제의 아들, 그녀 자매의 아들, 여성 무슬림, 그녀가 소유하고 있는 하녀, 성욕을 갖지 못한 하인, 성에 대한 부끄러움을 알지 못하는 어린이 외에는 드러내지 않도록 하라……(제24장 31절)

■ 사도여 그대의 아내들과 딸들과 믿는 여성들에게 베일을 쓰라고 이르라. 그때는 외출할 때라. 그렇게 함이 가장 편리한 것으로 그렇게 알려져 간음되지 않도록 함이라……(제33장 59절)

4) 음 식

식사를 하기 전에는 반드시 손을 씻어야 하며, '자비롭고 자애로운 알라의 이름으로'(بسم الله الرَّحْمَن الرَّحِيم)라고 말한다. 또한 식사가 끝나면 '알라에게 감사를'(الحَمْدُ لله)라고 말한다.

식사를 할 때는 온 식구들이 손을 걷어붙이고 밥그릇 주위로 둘러앉는다. 보통 식사는 하나의 큰 밥그릇에 담아 내온다. 오른손을 사용하며, 왼손은 가능한 한 사용해서는 안 된다. 요즈음은 수저나 포크를 많이 사용한다. 어른이 먼저 수저를 든 다음에 다른 식구들이 식사를 하는 식의 예절은 없다. 우리의 경우에는 식사 중에 말을 하면 복이 나간다고 하여 대개 이야기하는 것을 꺼리지만, 아랍인들은 식사 중에 가족들끼리 여러 가지 화제를 이야기하며 장시간 식사를 한다.

아침식사는 차(شَاي), 빵(خُبْز)과 '풀(فُول)'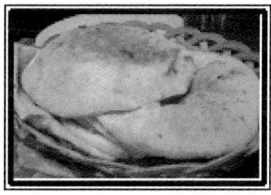
이라고 하는 삶은 콩, 삶은 계란 등을 주로 먹는다. 점심은 주로 닭고기나 양고기, 샐러드, 쌀밥, 빵, 야채에 쌀을 넣어 만든 음식 등을 먹고 한두 시간 낮잠을 잔다.
저녁식사는 대개 오후 9시 이후에 시작하는데, 우유, 치즈, 잼, 빵, 차, 과일, 채소류 등을 가볍게 먹는다. 대표적인 요리로는 카밥(كَبَاب)을 들 수 있다.

일반적으로 술은 하람이며, 짐승의 피를 먹거나 마시는 것도 금지되어 있다.

잘 알다시피 이슬람세계에서는 돼지고기 식용을 금지하고 있다. 돼지는 음식 찌꺼기를 먹거나 이것저것 가리지 않고 무엇이든 먹기 때문에 대체로 지저분한 동물로 인식되기 때문이다. 또한 돼지는 기생충, 박테리아와 병균을 가지고 있어 질병의 원인이 된다고 인식하고 있다. 그러나 생명을 유지하기 위해 돼지고기를 먹는 것은 허용하고 있다. 그 외에도 돼지고기에서 뽑은 젤라틴이 든 음식, 알코올을 넣어 만든 사탕이나 알코올, 피, 뱀, 개구리 등 이슬람에서 금지한 짐승과 이슬람식으로 잡지 않는 짐승을 먹는 것은 금지된다.

【코란 속의 음식】

- 사람들이여 지상에 있는 허용된 좋은 것을 먹되 사탄의 발자국을 따르지 말라 그는 실로 너희들의 반역자라.(제2장 168절)
- 죽은 고기와 피와 돼지고기를 먹지 말라 또한 하나님의 이름으로 도살되지 아니한 고기도 먹지 말라 그러나 고의가 아니고 어쩔 수 없이 먹을 경우는 죄악이 아니라 했거늘 하나님은 진실로 관용과 자비로 충만하심이라.(제2장 173절)
- 구약이 계시되기 이전에는 모든 음식이 이스라엘 자손들에게 허락되어 있었으나 이스라엘 백성들 스스로가 금기한 것이 있었노라 만일 너희의 주장이 사실이거늘 구약을 내게 가져와 읽어 보라고 말하여라.(제3장 93절)

- 믿는 자들이여 모든 의무를 다하라 모든 가축들이 너희들의 양식으로 허락되었으되 순례 상태로 성역에 있을 때 사냥은 금기라 실로 하나님은 그분의 뜻에 따라 지배하시니라.(제5장 1절)
- 너희에게 허락되지 아니한 것이 있으니 죽은 고기와 피와 돼지고기와 하나님의 이름으로 잡은 고기가 아닌 것과 목 졸라 죽인 것과 때려서 잡은 것과 떨어져서 죽은 것과 서로 싸워서 죽은

것과 다른 야생이 일부를 먹어 버린 나머지와 우상에 제물로 바쳤던 것과 화살에 점성을 걸고 잡은 것이거늘 이것들은 불결한 것이라 오늘 믿음을 거절한 자들이 너희의 종교를 체념하나니 너희는 그들을 두려워하지 말고 나만을 두려워하라 오늘 너희를 위해 너희의 종교를 완성했고 나의 은혜가 너희에게 충만하게 하였으며 이슬람을 너희의 신앙으로 만족케 하였노라 굶주림에 시달리는 사람이라 할지라도 죄악에 기울이지 아니한 자 하나님의 관용과 자비를 받을 것이라.(제5장 3절)

- ■ 허락된 것이 무엇이냐 그대에게 묻거든 좋은 것들이라 말하라 또한 하나님의 가르침에 따라 육식동물이 너희를 위해 사냥하여 온 것도 허락된 것이거늘 이는 하나님이 너희에게 가르친 것이라 하나님의 이름을 염원하고 하나님을 두려워하라 하나님은 계산에 빠르시니라.(제5장 4절)

- ■ 그러므로 너희가 하나님의 말씀을 믿는다면 고기를 먹되 그분의 이름으로 도살된 것을 먹으라.(제6장 118절)

- ■ 하나님의 이름으로 도살되지 아니한 고기는 먹지 말라 그것은 죄악이니라. 그러나 사탄은 그들의 동료들로 하여금 너희와 논쟁토록 고무하도다. 만일 너희가 그들에게 복종한다면 너희는 실로 불신자들이라.(제6장 121절)

- ■ 그들이 말하더라. 이것들은 금기된 가축이요 양식이라 우리가 원하는 자들 외에는 아무도 그것을 양식으로 할 수 없도다. 또 그들은 이것은 금기된 가축이매 그것의 등에 짐을 싣지 말며 그 가축을 도살하매 하나님의 이름으로 도살되어서는 아니 된다 하더라. 그들은 하나님을 거짓으로 거역하니 그분께서 곧 그들을 그들의 거짓함에 대한 보상을 주시리라.(제6장 138절)

■ 또 그들이 말하더라. 이 가축들 태내의 모든
것은 남성을 위한 양식으로 여성에게는 금기
라 그러나 사생아가 태어난다면 그것은 모두
가 그 안에 함께 했음이라 하더라. 그들의 거
짓함에 벌을 내리시리니 그분은 지혜와 아심
으로 충만하심이라.(제6장 139절)

■ 유대의 율법에 따르는 이들에게 금기하사 굽이 갈라지지 아니
한 모든 짐승은 먹지 말라 하고 소와 양의 지방질도 금기하되
등에 붙어 있는 것과 장에 붙어 있는 것과 뼈와 섞여 있는 것
은 제외했노라 이것은 그들이 저지른 대가에 대한 보상이거늘
하나님의 말씀은 진리라 하였노라.(제6장 146절)

■ 두 갈래로 흐르는 물이 같지 아니하니 그 하나는 달콤하여 마
시기에 적합하고 그 다른 하나는 짜고 쓰더라. 너희는 그들 각
각으로부터 신선한 생선을 섭취하며 또한 너희가 몸에 장식하
는 보석을 채굴하리라 또한 너희는 파도를 일구며 항해하는 선
박을 보며 하나님의 은혜를 구할 수 있으리라 이에 너희는 감
사해야 하노라.(제35장 12절)

■ 너희를 위하여 가축을 두사 이로 하
여 너희가 타기도 하고 음식으로
먹기 위해서라.(제40장 79절)

■ 인간으로 하여금 그가 먹는 음식을
숙고하여 보게 하라.(제80장 24절)

5) 목욕 · 화장실

최근에는 서양식 화장실이 대부분의 호텔이나 레스토랑에 설치되어 있지만, 시골이나 장거리 버스가 잠시 쉬는 정류장에는 아직도 아랍식 재래 화장실이 많이 남아 있다. 아랍식 화장실에는 일반적으로 변기, 수도, 깡통이나 물주전자, 혹은 양동이가 있다. 변기는 한가운데 둥근 구멍이 뚫려있고, 수도와 깡통은 대변 후 세척을 하기 위한 도구이다. 무슬림들은 대변을 본 후 종이를 사용하지 않는다. 그 대신 통에 물을 담아서 왼손으로 항문을 씻거나 호스를 대고 흐르는 물에 닦는다. 따라서 왼손은 부정한 것으로 여겨지기 때문에 음식을 먹거나, 악수를 할 때, 돈을 줄 때는 반드시 오른손을 사용해야 한다.

아랍 지역에 가 보면 밤에 아무 곳에서나 쭈그리고 앉아서 소변을 보는 사람들을 쉽게 볼 수 있다. 특이한 것은 남자도 소변을 볼 때 앉아서 볼일을 본다는 것이다.

부부관계를 한 후에는 반드시 샤워를 해야 하는 이슬람 관습에 따라 욕실이 따로 설치되어 있으나, 어떤 경우에는 화장실 안에 샤워기가 설치되어 있는 곳도 있다. 샤워는 우리처럼 옷을 다 벗고 하는 것이 아니라 다른 사람에게 성기를 보여주지 않기 위해 속옷을 입은 채 샤워를 한다.

4. 건 축

1) 이슬람 건축

모든 이슬람 건축의 가장 두드러진 특징은 내부 공간에 초점을 맞춘다는 것이며, 내부 공간에 초점을 맞춘 가장 전형적인 곳은 무슬림들의 집이다. 전형적으로 직사각형의 주거 단위들이 내부의 안마당 주위로 조직된다. 집의 외부는 거의 창문이 없는 담으로 되어 있고 단지 하나의 낮은 문이 뚫려 있을 뿐이다. 종종 이러한 '안마당 주택'들은 대가족의 필요성을 충족시키기 위해 복잡한 벽들로 나누어진다. 이 복잡한 집의 입구는 하나이며 통로를 따라가면 각 개인이 주거하는 곳으로 갈 수 있다. 가족의 숫자가 증가함에 따라 많은 방들을 짓는다. 일단 안마당 주변 땅이 꽉 차게 되면 수직방향으로 확장한다.

집안 여자들에게 접근하는 것을 막는 동시에 남자 손님들을 대접해야 하는 전통적인 필요성이 이슬람 가옥 구조에 독특하고 복잡한 구조를 발생시켰다. 남자 응접실은 집의 입구 바로 근처에 위치한다. 그래서 방문객들은 집안 여자들을 만나거나 혹은 대화를 하고 하렘(여자들의 방)을 범하지 못한다. 남자와 여자의 구역을 구분하는 가장 단순한 형태는 유목민들의 텐트에서 발견된다. 천막의 중간에 천을 치고 혈연이 아닌 남자 방문객들에게는 전면 반쪽만이 허용된다.

내부의 탁 트인 안마당은 덥고 건조한 지역에서 온도를 조절하는 중요한 역할을 수행한다. 안마당은 야외 활동을 할 때 바람과 태양을 막아 준다. 또한 안마당은 공기를 잘 통하게 하여 시원한 밤공기를 밑으로 가라앉게 한다. 창문이 거의 없거나 전혀 없는, 장식이 없는 단조롭고 두꺼운 벽으로 된 주택의 거리 쪽 외벽은 뜨거운 바람과 모래와 같은 요소들을 막기 위해 고안되었다. 지붕은 보통 평평하고 높은 난간을 가지고 있다.

안마당 주택 건축은 '베일 건축'이라고 불린다. 장식이 없는 단조로운 외벽으로 둘러싸인 주택의 깊숙한 내부 내실은 비밀에 가려져 있다. 내향적인 안마당 주택은 가족과 내부 생활을 보호하는 동시에 외부 환경을 차단하려는 필요성의 표현이다.

이슬람 건축은 전형적으로 유럽 건축이 애쓰는 것 같은 조화에 많은 신경을 쓰지 않으므로 증축이 용이하다. 예를 들면, 가족들이 증가할 때 전통적인 안마당 주택 단지에 새로운 거주 공간을 덧붙이는 것은 간단하다. 주택 단지는 둘레에 축적하고 원래 디자인의 핵(기점)들을 완전히 삼키는 유기적인 미로 구조가 될 수 있다. 에워싸인 공간, 벽에 의한 한정, 아케이드(열공, 건물 측면에 복도처럼 줄지은 아치)와 아치 천장들이 이슬람 건축의 가장 중요한 요소이다. 이슬람 건축에서의 장식은 돔과 정문을 제외하고는 내부의 명확한 표현과 장식을 위해 제한된다.

2) 모스크

모스크는 이슬람교도(무슬림)들이 모여 알라를 경배하는 장소로, 아랍어로는 '마스지드(مَسْجِد)'(엎드려 경배하는 곳)라 한다. 건물만을 의미하는 것이 아니라 알라를 경배하는 곳이면, 즉 시장터, 산이나 계곡, 배 위, 들판, 학교 교실 등 어디나 모스크가 될 수 있다. 영국의 한 작가는 "이슬람의 영광 가운데 하나는 바로 인간의 손에 의해 세워진 모스크에서만 예배를 근행하는 것이 아니라, 신이 만든 지구와 우주 속 어느 곳에서든지 예배를 실천할 수 있는 것이다"라고 말한 바 있다. 즉 지구가 가장 큰 경배지로 묘사되었고, 어느 곳에서든 근행되는 예배는 그 효력이 동일하다는 것이다.

하지만 하디스에는 다음 세 곳을 예외로 하고 있다. 카으바신전이 있는 하람성원(المَسْجِد الحَرَام)에서 예배를 근행하면 10만 배, 무함마드가 안장되어 있는 메디나의 사도사원에서는 1천 배, 예루살렘의 악싸사원(المَسْجِد الأَقْصَى)에서는 5백배에 달하는 효력을 가진다고 하였다.

모스크는 예배뿐만 아니라 군사·정치·사회·교육 등 많은 공공행사가 거행되는 장소이기도 했다. 또한 학교나 도서관 건물이 부설되어 있기도 했다. 대표적인 모스크로는 카이로의 아즈하르사원(جَامِع الأَزْهَر)을 들 수 있다. 이곳은 또한 법원으로 사용되기도 하였으며, 현재 아즈하르대학은 아랍세계에서 가장 유명한 이슬람대학이다.

일반적으로 모스크의 안뜰에는 기도하기 전 몸을 청결히 하는 의식(우두)을 행하는 샘물이나 수반(水盤)이 있다. 건물 내부에는 예배

방향인 끼블라를 가리키는 홈인 미흐랍(محراب)과 이맘이나 설교자 (خاطب)를 위한 높은 단인 민바르(منبار)가 놓여 있다. 회랑 한쪽에는 하루 다섯 번의 예배시각이 되면 '무앗딘(مؤذن)'이 탑에 올라가 '아 잔(اذان)'을 소리 높여 낭송하는 1-6개의 첨탑(منارة)이 높이 솟아 있 다. 모스크의 바닥에는 깔개나 양탄자가 깔려 있고, 무슬림들은 맨발 로 여러 줄로 늘어서서 예배를 올리는데 그들은 이맘의 인도에 따라 예배를 근행한다. 이곳에서는 음악이나 노래는 허용되지 않으며, 조 각상, 경배 대상물 및 그림 등도 금지되어 있다.

마을마다 금요일에 마을 사람 모두가 모여 집단 예배를 보는 '좌미 으(جامع)'라고 하는 대형 모스크가 있으며, 여러 개의 소규모 모스크 들이 있다. 시리아 다마스쿠스의 우마위야대모스크(الجامع الأموي), 예 루살렘의 바위돔(قبة الصخرة) 등의 모스크가 유명하다.

【코란 속의 모스크】

▣ 스스로 믿지 아니하는 불신자들에게는 하나님의 사원들을 방문 할 권한이 없나니……(제9장 17절)
▣ 실로 하나님의 사원을 방문하는 자와 관리하는 자는 하나님과 내세를 믿고 예배를 드리며 이슬람 세를 바치며 하나님 외에 는 두려워하지 않는 신앙인들이거늘 그들은 인도받는 자 가운 데 있게 되리라.(제9장 18절)
▣ 믿는 자들이여 실로 불신자들은 불결하나니 그들로 하여금 그 해(히즈라 9년) 이후 하람사원에 접근하지 않도록 하라……(제9 장 28절)
▣ 사원은 하나님의 것이거늘……(제72장 18절)

3) 미나레트

이슬람교의 예배당인 모스크의 일부를 이루는 첨탑으로서 아랍어의 '마나라'(등대)에서 유래하였다. 하루 다섯 차례의 예배 시각에 무앗딘이 올라가 예배를 권유하는 아잔을 낭송하는 장소이기도 하다.

사도 무함마드 시대에는 모스크 근처에서 가장 높은 건물의 지붕에 올라가 아잔을 낭송하기도 하였는데, 무함마드 사후에는 그리스시대의 망루와 교회의 탑을 사용하기도 했다. 북아프리카에서 가장 오래된 첨탑은 724-727

년에 지어진 4각형 모양의 튀니지 까이라완에 있는 것이다.

미나레트의 형태는 매우 다양해, 이라크 사마라(سَامَرَاء.)에 있는 것 (848-852)처럼 나선형(مَلوِيَّة)으로 비탈진 통로가 있는 육중한 것에서부터 하늘을 찌를 듯이 높고 연필처럼 가는 것까지 있다. 이슬람 사원과 연결된 바닥부분은 정4각형이며, 그 위로 원형, 6각형, 8각형 구조물을 잇달아 올렸고 층마다 발코니가 있다. 꼭대기는 볼록한 공 모양의 돔이나 철로 된 원뿔 지붕을 씌우거나 탁 트인 정자처럼 만들었다. 미나레트 상층부에는 많은 장식이 새겨져 있으며, 계단을 안으로 낸 것도 있고 밖으로 낸 것도 있다. 일반적으로 하나의 사원에 있는 미나레트의 수는 1-6개이다.

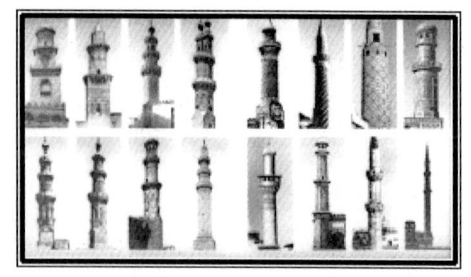

4) 미흐랍

이슬람교 사원인 모스크의 사방 벽 중에서 예배방향인 메카의 카으바 방향으로 만들어져 있는 아치형 홈을 일컫는다.

이슬람은 우상(偶像)을 없애는 대신, 이 미흐랍을 메카 쪽 벽에 설치하고 예배의 표상(表象)으로 삼았다. 미흐랍은 예배를 인도하는 이맘이 서는 장소이기도 하며, 보통 화려하게 장식되어 있으나 이맘이나 설교자가 사용하는 설교단 이외에 다른 시설은 없다.

미흐랍은 8세기 초 우마위야왕조 칼리파 왈리드 1세(재위기간 705 - 715) 시기에 처음으로 만들어져 확립된 것으로 여겨지는데, 그 형식은 고대 성당의 니치나 비잔틴교회의 후진을 본 떠 만든 것으로 보고 있다.

5. 음악과 춤

1) 음 악

아랍 이슬람음악 이론의 근원은 그리스음악에 영향을 주었던 고대 셈족의 음악이었다. 물론 아랍인들과 페르시아인들은 8세기 말과 9세기 초 그리스로부터 번역한 것들에 영향을 받기 훨씬 이전에 고유의 음악 이론을 가지고 있었다.

　고대의 보물들을 새롭게 발견해 낸 최초의 인물은
킨디(874년 사망)였다. 그는 음악 이론에 관한 7권의
책을 썼으며, 그들 중 세 권은 베를린에, 한 권은 대영
박물관에 보관되어 있다. 킨디 이후에는 약 1세기 동
안 어떠한 음악 서적도 나오지 않았다.

　9세기 중반부터 아랍 이슬람음악은 고대 그리스의 음악 이론들에
영향을 받기 시작했으며, 많은 그리스음악 서적들이 파라비(870 - 950)
에 의해 아랍어로 번역되었다. 음악은 4학과(중세 대학의 산술, 음악,
기하, 천문학)의 한 과정이 되어 학생들에게 교육되었다.

　파라비는 실제 음악가였고 또 명성 있
는 연주가였다. 파라비는 소리의 물리적
기초들을 그리스인들보다 훨씬 더 잘 다
루었기 때문에 그리스인들이 실제로 다
루지 않고 버려두었던 문제인 어조의 감
각에 매우 가치 있는 공헌을 할 수 있었
다. 파라비의 책, 『위대한 책』(الكِتَابُ الكَبِيرُ)은 음악과 악기들에 대한 방
대하고도 상세한 정보를 담고 있었다.

　이슬람에서는 원칙적으로 종교의식에 음악을 쓰지 않기 때문에 불
교의 법회(法會)나 기독교의 찬송가에 해당되는 음악은 거의 존재하
지 않았다. 그러나 일반적으로 이슬람권 사람들은 노래나 춤을 좋아
하기 때문에 무슬림 사이에서도 중세 이래 오늘날까지 음악이 성행
해 왔다. 서아시아를 중심으로 한 이슬람권(아랍 여러 나라, 터키,
이란, 중앙아시아, 아프가니스탄, 파키스탄)에서는 제각기 민족적 색
채를 띠고 독자적인 악기와 이론에 바탕을 두면서도 서로 공통된 기
초를 갖는 음악문화를 형성해 왔다. 엄밀한 의미에서 이슬람음악은
종교음악이라고 할 수 있는 아잔과 코란의 낭송뿐이다.

　쉬아파나 그 분파에서는 일반적으로 음악과 무용에 대하여 그다지

엄격하지 않아 제일(祭日) 등에는 모스크 주위에 많은 신자가 모여 종교 설화(說話)에 의한 이야기, 거리 음악이니 그것에서 생기 노래 등을 듣는다. 그중에서도 신비주의자들, 즉 수피(صوفي)나 다르위쉬 (데르비시)는 오히려 적극적으로 노래나 춤에 의한 황홀상태를 찾음으로써 초현실적인 세계를 구하려 하고 있다. 격렬한 회전운동에 의해 환각을 얻거나(수피댄스, 탄누라댄스), 알라의 이름을 수천 번 되풀이하여 무아경(無我境)에 접근하는 '디크르(ذكر)', 또는 자기의 종교적 감정을 즉흥적인 노래에 의해 표현하는 등 종교와 음악과의 지극히 격렬한 결합을 볼 수 있다. 북아프리카의 이집트, 튀니지, 알제리 등의 수피들은 코란의 빠른 낭송(حدر) 또는 디크르라는 동작을 수반한 예배를 행하는데 이는 음계나 리듬상에서 노동요(勞動謠)와 유사하다. 한편 터키의 메블라(Mevla)라고 불리는 신비주의의 의식에서는 예술음악과 같은 기악이 연주된다.

사도 무함마드 생존 시에는 음악을 금지하였기 때문에 음악의 발달은 기대할 수 없었다. 그러나 정통칼리파시대(632－661)는 음악을 직업으로 하는 사람들이

등장했다. 그들은 대부분 노예들이었으며 무희나 악인(樂人)으로 궁중에서 일을 보았다. 그 후 수도를 시리아의 다마스쿠스에 정한 우마위야왕조(661－750) 때는 호화로운 왕궁의 안팎에서 음악이 활기를 띠었을 뿐만 아니라, 귀족 사이에서는 페르시아인이나 쿠르드인 음악가들이 중용되었고, 그리스 음악 이론을 연구하는 등 눈부신 발달을 보였다. 이어 이슬람제국이 그 세력을 동서로 뻗게 되자 모든 음악문화를 흡수하여 점점 풍부한 내용을 갖게 되었다.

그 후 스페인에서는 15세기까지 후기 우마위야왕조(711－1492)가

계속되어 사라센의 화려한 문화는 그라나다의 알함브라(الحَمَر)궁전
에서 볼 수 있는 것처럼 극치에 달했으며, 그 음악은 오늘날 스페인
민족음악 속까지 발자취를 남기고 있다.

한편 이라크의 바그다드에 도읍을 옮긴 압바시
야왕조(750－1258)는 이슬람 음악의 전성기였다.
초기의 칼리파들은 음악을 보호하고 장려하여 음
악가를 고용하고 음악대학을 설치하였다. 특히
칼리파 하룬 알라시드(재위 786－809) 치하의 바
그다드는 8－9세기에 걸쳐 세계 음악문화 가운데
서 가장 정교한 이론과 화려한 내용을 가진 도시가 되었다. 이 시대를
대표하는 유명한 이론가로는 이스하크 알마우실리, 이스파하니(？－
967), 킨디(805－873), 파라비, 이븐시나(아비시니아: 980－1037) 등을
들 수 있다. 1258년 바그다드가 몽골에 의해 점령되고, 또 1492년에는
스페인의 기독교 세력에 의해 이슬람세력이 완전히 이베리아반도에서
물러나면서 아랍 이슬람음악은 급격히 쇠퇴의 길을 걷게 된다. 이 동
안의 음악 이론가로는 이븐시나와 사피 알딘 등이 있다.

12세기에 일어난 오스만 터키(1288？－1922)는 유럽과 아시아에 걸
치는 대제국을 건설하고 독자적인 문화를 자랑하게 되지만, 음악문
화는 거의 아랍의 전통을 기초로 한 것이었다. 아랍 이슬람음악에서
근대는 다만 터키의 지배하에서 터키의 영향을 받으면서 그 전통을
지켜 온 데 불과했고 큰 발전은 없었다.

아랍 이슬람음악은 단선율 형식이며 화성이 없고 독특한 곡조와
가락체계, 단일한 선율에 현란한 꾸밈음, 뛰어난 즉흥연주가 특징이
다. 연주자에게 상당한 자유가 주어지지만 곡조와 가락은 특정한 관
례나 양식에 따라 편성된다. 연주자는 일반적으로 한 음악을 형성하
는 세부내용에 관심을 집중하며 미리 세운 계획보다는 음악의 세부
내용으로부터 음악의 구조가 떠오르도록 하는 데 더 관심을 둔다.

운율은 반음에 가까운 미분음을 쓰거나 그보다 좁거나 넓은 음정을
써서 꾸민다. 아랍 이슬람음악은 보통 직은 합주단이 연주한다. 즉
가수 1명과 몇 명의 악기 연주자가 독창과 기악 악절을 번갈아 가
며 연주한다. 가락은 가수나 악기 연주자가 연주하며 박자는 작은북
이나 심벌즈 등의 타악기로 맞춘다.

2) 악　기

모든 아랍 이슬람세계에서는 악기든 혹은 목소리든 하나같이 독특
한 소리를 들을 수 있다. 멜로디는 매우 유사한 감동적인 힘, 음색
범위, 율동적인 박자를 가진다. 그러나 음악의 역사상 기원은 매우
다르다. 초기 아랍 음악가들은 이집트인, 아시리아인, 수메르인에게
서 많은 것을 빌려 왔다. 지금 사용되고 있는 많은 악기들은 이들
과거 문명의 벽화들과 조각들에서 묘사된 것들이 직접 내려오는 것
이다. 아랍 이슬람 음악의 고유한 특질은 차용된 악기에 많은 빚을
지고 있다. 음악 그 자체는 고대의, 전통적인 것이지만 이들 악기들
의 현재 형태들은 주로 8세기에서 10세기를 통해, 황금기로 알려진
고대 이슬람 문명의 창조력이 절정에 달했을 동안 발전되었다.

(1) 우드(عُود)

스페인어 'laud'에서 파생된 영어 단어 류
트(lute)는 '나무 가지'라는 의미를 가진, 원
래 아랍어 '우드'에서 왔다. 8세기와 10세기
때 우드는 단지 네 줄을 가지고 있었다. 다

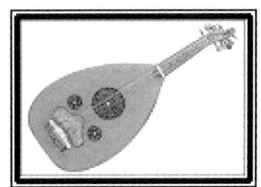

섯 번째 줄은 아랍에서 안달루스로 건너간 연주가 지르얍에 의하여
더해졌으며, 여섯 번째 줄은 15세기에 더해졌다. 뇌문이 장식되고, 짧
은 목을 가진, 마치 배 반쪽과 같은 모습을 한 우드는 독수리 깃털로
만든 채로 연주되는, 두 줄이 여섯 열로 된 악기이다. 깊고 아름다운
소리를 내기 때문에 중동의 유명한 음악가들은 우드를 "모든 악기들
의 왕"이라고 불렀다.

(2) 따블라(طبلة)

'다라북카'(دربكة)로도 알려져 있는 소형
손북이다. 가장 일반적인 타악기의 하나인 따
블라는 염소의 박막 혹은 물고기 껍질을 넓
은 목을 가진 항아리 모양으로 생긴 드럼 위
에 씌워 만든다. 몸통은 대개 도기 혹은 금속
으로 만들어진다. 연주자는 북을 왼쪽 팔 아래에 혹은 다리 사이에 놓고
연주하며 강한 박자는 중앙을, 날카로운 박자는 가장자리를 때린다.

(3) 까눈(قانون)

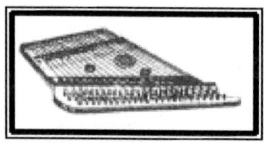

까눈은 고대 이집트 하프의 한 후손으로
10세기 이래 아랍 이슬람음악의 중요하고
필수적인 부분을 담당했다. 옛 현악기인 덜
시머(dulcimer)의 한 종류이며, '까눈'이란
단어는 '규칙 혹은 법'을 의미한다. 까눈은 12세기에 유럽에 소개되
었고, 14세기와 16세기에는 옛날의 현악기인 솔터리(psaltery)나 혹은
30-40개의 현이 있는 현악기의 일종인 '지더'(zither)로 알려졌다. 까
눈의 형태는 사다리꼴 모양이며 81개의 줄들이 있다. 악기는 무릎 위

혹은 음악가의 테이블 위에 수평으로 놓여진다. 손가락이나 혹은 두 개의 채로 현을 퉁겨서 연주하며, 각 손의 십세손기락으로 채를 잡는 다. 까눈은 아랍 이슬람음악의 다른 이떤 도구보다 더 빠른 음계를 연주하는 데 적합하다.

(4) 네이(ناي)

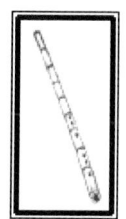

　　'나이'(Nay)란 단어는 그 기원이 수메르 문명까지 거슬 러 올라가는, 가장 단순한 디자인을 가진 하나의 갈대 관 을 일컫는 페르시아어이다. 나이는 일반적으로 전면에 손 가락으로 연주되는 6개의 구멍을 가지고 있으며, 후면에 는 엄지손가락으로 연주하는 1개의 구멍을 가지고 있다. 손가락들과 엄지손가락을 조작하면서 튜브의 구멍 위에 부드럽게 입김 을 불게 되면 멋지고 달콤한 음색들이 연주된다. 더 많은 혹은 더 적 은 힘으로 입김을 불게 되면 더 높은 혹은 더 낮은 옥타브를 가진 소 리들이 나오며, 다른 음계들을 가진 곡조들은 다양한 길이들의 나이들 을 이용함으로써 연주할 수 있다. 매우 단순하지만 나이의 시적인 음 색은 기쁨과 동경을 모두 표현하는 구슬픈 효과들에 특히 효과적이다.

(5) 미즈위즈(مزروج)

'미즈위즈'는 아랍어로 '쌍'을 의미하며 시리아, 레 바논, 팔레스타인에서 유명한 일종의 이중으로 된 갈 대 클라리넷이다. 북아프리카에서는 '마끄룸'(Maqrum) 이라고 알려진 비슷한 것이 있다. 이것은 특정한 소리 를 생산하기 위해서 한 원형의 구멍 끝을 통해 부드럽 게 호흡하고, 튜브의 전면 아래 있는 구멍들을 손가락

으로 다룸으로써 연주된다. 미즈위즈의 소리는 두 개의 무드 사이의 음악적인 대화를 잘 반영할 수 있다. 미즈위즈와 비슷한 것으로는 레바논의 산간 마을들에서 유명한, 동일한 방식으로 연주되는 개방적인 작은 갈대 튜브인 '민자이라'(Minjayrah)가 있다.

(6) 부주끄

터키어에서 건너와 오스만 군대에 제공된, '불에 탄 머리 혹은 뿌리가 뽑힌'이란 뜻을 가지고 있는 'bashi-buzuq'에서 유래했다. 이집트의 대표적인 악단인 라흐바니 오케스트라의 필수 악기인 부주끄는 아랍 이슬람음악의 고전 악기이나 터키 음악의 악기들 가운데서는 잡종의 악기로 취급된다. 이 악기는 좀 더 크고 깊은 음색을 가진 터키의 '사즈'(Saz)와 유사하다. 라흐바니가 이 악기의 사용을 대중화하기 전 부주끄는 레바논과 시리아의 집시 음악과 관련이 있었다. 긴 목에 뇌문 모양이 세공된 악기인 부주끄는 채로 연주되는 두 개의 금속 줄을 가지고 있으며, 금속 줄이지만 서정적인 공명음을 제공한다.

(7) 답프(دفّ)

답프는 동양 탬버린으로써 어떤 지역에서는 '둡프'(Duff) 또는 '릭끄'(Riqq)라고 부르기도 한다. 훌륭한 답프 연주자들이 연주하는 소리의 범주와 리듬 패턴을 만나게 되면 매우 인상적이다. 답프는 작은(대략 직경 20센티미터) 원형 타악기로, 머리는 동물 가죽이며 측면에 많은 작은 심벌즈들이 있다.

3) 춤

무슬림들은 음악이나 건축에 비해 춤과 연극은 별로 발전시키지 못한 것으로 보인다. 이는 중세 이슬람교가 춤과 연극에 대해 냉담했던 것 외에도, 격리된 생활을 한 여성들이 공연예술 발전에 활동적인 역할을 할 수 없었기 때문인 듯하다. 그럼에도 대부분 이슬람 국가들에서는 오락적인 쇼로서의 춤과, 예술로서의 춤 외에도 민속 춤의 활발한 전통이 있었다. 터키의 수피 신비종파인 마울라위야는 종교의식을 위한 춤을 만들었다. 이 춤은 다르위쉬(신비종파인 금욕파 수도사)들이 추었는데 심미적 욕망 표현이나 신비적 무아경의 표현이었던 것으로 보인다.

사람들이 '벨리댄스'라고 알고 있는 춤에는 많은 이름들이 있다. 이 춤을 발견했던 프랑스인들은 '胃腸의 춤'(dance of the stomach)이라는 이름을 붙였으며, 이집트에서는 '동방춤'(رَقصٌ شَرْقِيٌّ)으로 알려져 있다.

벨리댄스는 많은 상이한 지역의 영향을 통해 발달했고 오늘날도 계속 발전하고 있다. 벨리댄스는 20세기 말 시카고 박람회에 등장한 이후 미국인들에 의해 발견되었고, 프랑스 이름인 'danse du ventre'가 '벨리댄스'로 번역되었다. 이런 점에서 동방춤과 벨리댄스는 서로 사용될 수 있다. 여기서 사용된 동방춤은 벨리댄스, 인디안 댄스나 혹은 페르시아 댄스를 포함할 수 있다. 그렇지만 이 춤의 즉흥적이고 성문화되지 않은 형태는 동일한 지역들에서 발달했던 '민속춤'(folk dance)의 여러 형태들과는 명백하게 다른 형태의 춤이다. 벨리댄스는 고유한 스타일을 가진 춤의 한 형태로 인식된다.

제5장 이슬람과 여성

1. 이슬람과 여성

인류의 역사를 통해 볼 때 여성이 남성과 동등한 대우를 받기 시작한 것은 비교적 최근의 일이다. 여성의 인권을 강조하는 서구 사회에서도 여성의 참정권과 재산 소유권이 인정된 것은 100년이 채 되지 않는다.

서구 사회에서 여성에 대한 차별은 구약성경의 선악과와 관련된 여성의 원죄론에서 시작된다. 하나님의 명령으로 금지된 선악과를 뱀의 유혹에 넘어간 이브가 아담을 유혹하여 선악과를 먹게 함으로써 에덴동산에서 쫓겨났기 때문에 여성에게는 인류에 대한 원죄가 있고, 그 죗값이 출산의 고통이라는 것이 기독교식 설명이다.

서구 민주주의의 기반이라는 고대 그리스에서 여성은 노예와 외국인과 함께 시민에 포함되지 않은 채 각종 불이익과 차별을 감수해야 했고, 여성에 대한 모든 권한은 남편에게 주어져 심지어 아내를 매매할 수 있는 권한이 남편에게 있었다. 또한 로마에서도 여성은 결혼과 동시에 남편에게 귀속되며 여성 자신은 남편의 재산이나 노예로 간주되었다.

중세에도 여성은 성서를 만질 수조차 없었고 사탄에 버금가는 나쁜 피조물로 묘사되고 있다. 프랑스에서는 여성이 남편의 허락 없이 돈을 쓰는 것은 불가능했고, 영국에서는 여성은 남성과 겸상을 할 수 없고, 남편에게 먼저 말을 걸 수도 없었다.

동양의 상황도 서양과 크게 다르지 않았다. 인도에서는 남편이 사망할 경우 미망인은 남편의 시체와 함께 불태워졌고, 아라비아반도의 여성은 그 자체가 부담스럽고 거추장스러운 존재였다. 어린 여자아이들은 부모와 가족의 명예를 위협할 수 있는 존재로 여겨져 산채로 매장되는 풍습이 있었고 무제한의 일부다처제도가 당연하게 받아들여졌다.

이처럼 이슬람 이전 시대의 아랍 사회에서 여성의 지위는 남성과 평등하지도 않았고 높지도 않았다. 여성은 남성의 소유물로 인식되어 매매나 상속의 대상이 되었고 단지 성적 쾌락을 위한 수단이나 남성을 위한 부속품일 뿐이었다.

이런 풍습은 거친 자연 환경을 이기며 살아가야 하는 유목 생활에서 강한 힘과 체력을 가진 남성이 중시되고, 육체적으로 허약한 여성은 경시되었기 때문이라는 생태학적 요인과도 밀접한 관련이 있다.

조선사회에서도 여성은 삼종지도(三從之道)와 칠거지악(七去之惡)에 묶여 있었고 사회적인 활동이 제한되었음은 알려져 있는 사실이다.

따라서 인류의 발전 과정에서 여성에 대한 억압과 불이익은 특정 지역과 시대만의 특수한 상황이 아닌 보편적인 관습이었고, 여성에 대한 억압은 지역과 시대에 따라 형태는 다르지만 사회 제도와 관습으로 고착화되었다. 그 결과 여성 스스로도 이를 당연시하여 수용하게 되었다.

이런 상황에서 7세기에 아라비아반도에 도래한 이슬람은 여성 인권과 권리의 측면에서 커다란 혁명이었고 여성에 대한 축복이었다.

여성의 인권을 무시하거나 부정하는 것이 당연한 현상으로 받아들여질 때, 이슬람은 여성의 인권과 지위를 인정하고 이를 개선시켰다. 이슬람은 여성의 가치를 인정하고 남성과 동등한 인권을 부여했으며, 여성의 능력과 사회적 책임감을 수용했다. 이는 이슬람이 추구하는 이상적인 사회는 인종과 남녀와 빈부의 차별이 없는 평등이 지배하는 사회이기 때문이다.

이슬람에서는 남녀의 '구별'은 인정하나 '차별'은 허용하지 않는

다. 남녀의 신체적, 정서적인 차이로 인해 가정과 사회에서 남녀의
역할은 구분하지만, 이로 인한 차별은 용납하지 않는다.

이슬람은 강인한 체력을 가진 남성에게는 가족 부양을 위해 집
밖에서 일할 것을 요구했고, 상대적으로 연약한 여성에게는 남성의
보호하에 집 안에서 가정의 운영과 관리를 맡겼다. 이는 남녀의 차
별이 아니라, 특성에 따른 역할의 구분일 뿐이다.

코란과 하디스에는 여성의 지위와 권익을 보호하기 위한 여러 가
지 구절과 경구들이 언급되어 있다. 그중 남녀의 관계에 대해서는
아래와 같이 규정하고 있다.

"하나님은 한 몸에서 너희를 창조하사 그로부터 배우자를 두어 그로
하여금 남녀가 풍성히 번성토록 하였노라. 너희가 너희 권리를 요구하
매 하나님을 공경하고 또 너희를 낳아 줄 태아를 공경하라."(4.1)

"하나님이 한 몸에서 너희를 창조하셨고 그로부터 배우자를 두어 그
로 하여금 그녀와 거주하게 하니 둘이서 결합하여 그녀가 가볍게 임신
하고 생활을 계속함이라. 그녀의 몸이 무거워지자 그들은 하나님께 저
희에게 착한 아이를 주소서 실로 저희는 감사하는 자 중에 있겠나이다
하고 기도하니."(7.189)

"남녀 신앙인들은 서로가 서로를 위한 보호자라. 그들은 선을 행하
고 사악함을 멀리하며 예배를 드리고 이슬람세를 바치라 하셨노라. 또
한 하나님과 그분의 선지자에게 순종하사 하나님께서 그들에게 은혜를
베풀 것이라."(9.71)

"주님께서 그들에 응하사 나는 남녀를 불문하고 그들이 행한 어떠한
일도 헛되지 않게 할 것이라. 너희는 서로 동등하니라. 그들의 집을 떠났
거나 추방당했거나 나의 길에서 수고한 자 성전하였거나 살해당한 그들을
속죄하여 줄 것이며 강이 흐르는 천국으로 들어가게 하리니 이것이 하나

님으로부터 받을 보상이라 그중 좋은 보상은 하나님께 있노라."(3.195)

"무슬림 남녀에게, 믿음이 있는 남녀에게, 순종하는 남녀에게, 진실한 남녀와 인내하는 남녀에게, 두려워하는 남녀와 자선을 베푸는 남녀에게, 단식을 행하는 남녀와 정조를 지키는 남녀에게, 하나님을 염원하는 남녀에게, 하나님은 관용과 크나큰 보상을 준비하셨노라."(33.35)

"믿음으로 선을 행하는 모든 남녀에게 하나님은 행복한 삶을 부여할 것이며 또한 하나님은 그들이 행한 선에 대하여 최상의 것으로 보상하리라."(16.97)

또한 하디스에는

- ⊙ 천국은 어머니의 발아래에 있다.
- ⊙ 여성들에게 좋은 행동을 보여라.
- ⊙ 너희의 가장 좋은 선(善) 중 하나는 여성에게 선을 행함이니라.
- ⊙ 좋은 남성은 여성들에게 좋은 언행을 보이나, 나쁜 남성은 폭력을 사용한다.
- ⊙ 세상에서 가장 좋은 존재는 올바른 여성이라.
- ⊙ 신앙을 가진 남성들은 자신의 부인을 멀리하지 않는다.
- ⊙ 여성의 동의를 구하지 않으면 결혼시킬 수 없다. 여성에게 허락을 구함이 없이 약혼은 성립되지 않으며 여성의 침묵은 허락으로 간주된다.
- ⊙ 나의 공동체여! 여성에게 친절할지어다.

등 여성에게 관대할 것과 여성을 보호할 것을 요구하는 많은 경구들이 등장한다. 이는 이슬람에서는 여성을 더 이상 남성의 종속적인 소유물로 간주하지 않고 남성과 동등한 대상으로 간주하고 있음을 의미한다.

여성의 원죄론에 대해서 이슬람은 에덴동산에서 선악과와 관련한 하나님의 명령은 아담과 이브 두 사람에게 동시에 내려진 것으로 해석한다. 코란에 의하면 아담에게 선악과를 먹도록 권유한 것은 이브가 아니라 사탄이다. 따라서 선악과에 대한 책임과 용서와 후회는 아담과 이브 공동의 몫이지 이브만의 책임이 아니다. 이와 관련한 코란 구절은 다음과 같다.

"하나님이 말씀하사 아담아 아내와 함께 천국에 거주하며 그대들이 원하는 양식을 먹되 이 나무에 접근하지 말라. 그렇지 않으면 죄지은 자 가운데 있게 되니라."(2.35)

"그러나 사탄이 아담아 내가 너를 영생의 나무와 불멸의 왕국으로 안내하여 주리요 라고 속삭였더라."(20.120)

"오래 전에 하나님이 아담에게 성약을 했으나 그는 그것을 잊었더라. 그러나 그에게서 고의성을 발견하지 못했노라."(20.115)

"그렇게 하여 그들이 그것을 먹으매 그들의 벌거벗음이 그들에게 나타났더라. 그러자 그들은 천국의 나뭇잎으로 그곳을 가리기 시작했고 아담은 그의 주님의 명령을 배반했으니 그는 방황하게 되었더라."(20.121)

"사탄이 그들을 유혹하여 그곳으로부터 나가게 하매 하나님이 말씀하사 서로가 서로의 적이 되어 지상에서 얼마 동안 안주하여 살라 했노라."(2.36)

위의 코란 구절에서 알 수 있는 것처럼, 이슬람에서는 선악과와 관련하여 이브보다는 아담에 대한 책임을 강조하고 있다. 즉 아담에게 1차적인 책임이 있고, 이브에게는 2차적인 책임을 묻고 있다는 점에서 기독교와 해석을 달리하고 있으며, 여성에게 어떠한 부가적인 책임도 지우지 않고 있다.

한편 이슬람은 여성의 재산 소유를 인정하고 보장하고 있으며, 여성에게 불리한 여러 제도들을 폐지했다. 여성의 재산 소유를 금지하던 관습을 타파하고 이를 위한 제도적인 장치를 만들었다. 여성들에게 상속권, 매매, 임대, 기부, 자선, 법적 이전, 양도와 계약의 주체로서의 권리를 부여했다.

이슬람 사회에서 여성의 재산은 결혼 시에 신랑 측으로부터 받는 혼납금(صداق), 상속으로 물려받은 재산, 자신의 경제 활동으로 취득한 재산으로 구분할 수 있다.

이 중 혼납금은 여성 본인만이 권리를 행사할 수 있는 재산으로써 남편이나 친정 부모도 이에 대한 권리를 갖지 못한다. 결혼을 할 때, 혼납금을 여성의 친정 부모나 대리인이 받는 경우가 있지만 이들은 단지 혼납금을 보관할 뿐 사용에 대한 어떠한 권리도 갖지 못한다. 따라서 이슬람 사회에서 혼납금은 서구의 해석과는 달리 여성의 보호와 권익 신장을 위한 대표적인 제도라 할 수 있다. 코란에서는 여성의 혼납금에 대해 다음과 같이 규정하고 있다.

"결혼할 여자에게 결혼 혼납금을 주라. 만일 너희에게 그것의 얼마가 되돌아온다면 기꺼이 수락해도 되니라."(4.4)

"너희 가운데 부유하고 신앙이 두터운 여성과 결혼할 수 없는 자는 너희들의 오른손이 소유한 자들 가운데서 신앙심이 두터운 하녀들과 결혼함이 나으니라. 하나님은 너희들의 믿음을 잘 아시고 계시며 또한 너희는 아담의 한 자손이라 그러므로 그녀 보호자의 허락을 얻어 결혼하되 적절한 혼납금을 지불할 것이라……"(4.25)

여성은 남편이나 부모 또는 그녀가 상속의 권리를 갖고 있는 사람이 사망했을 시에 남성과 동일한 상속권을 갖는다. 일각에서는 여성의 상속분이 남성에 비해 적다는 점에 비추어 이슬람 사회의 남녀차별을 주장하지만 이는 이슬람 사회에 대한 무지의 결과다. 이슬람 사회에서 가족 부양의 책임은 남성에게 주어지며 여성에게는 어떠한 가족 부양의 의무도 주어지지 않는다. 따라서 가족 부양의 책임이 있는 남성에게 더 많은 유산을 상속하는 것은 지극히 합당한 일이다. 이는 이슬람의 현실적이고 실용적인 측면을 보여 주는 사례라 하겠다.

코란에서는 여성의 상속에 대해 다음과 같이 규정하고 있다.

"부모와 가까운 친척이 남긴 재산은 남자에게 귀속하며 또한 부모와 가까운 친척이 남긴 재산은 여자에게도 귀속되나니 남긴 것이 적든 또는 많든 합당한 몫이 있노라."(4:7)

여성 본인의 근로로 인해 생긴 재산 역시 여성 본인의 몫이다. 전술한 바처럼 여성에게는 가족 부양의 의무가 없기 때문에 여성 본인의 경제 활동으로 생긴 수입은 온전히 여성 본인의 것이다.

이런 제도는 당시 세계의 어느 곳에서도 발견할 수 없는 제도로서 인간의 평등과 여성의 지위에 대한 이슬람의 인식을 확인할 수 있는 것이라 하겠다.

이슬람에서는 여성에게 교육의 권리를 인정했고 이를 모든 무슬림의 의무로 규정지었다. 하디스의 "지식을 구하는 것은 모든 무슬림의 의무이다."라는 경구에서 교육에 대한 이슬람의 관심을 확인할 수 있고, 위의 경구에서 '무슬림'은 모든 남녀 무슬림을 의미한다.

여성에게는 남성과 동등한 종교적 의무가 요구된다. 예배, 금식, 희사, 순례 등이 여성에게도 요구된다. 그러나 여성이 생리 중이거나 해산 후에는 예배와 금식의 의무가 면제되고 금요일 예배도 여성에게는 의무 사항이 아니라는 점에 비추어 이슬람사회에서 여성은 남성에 비해 더 많은 특권을 누리고 있다 하겠다.

이슬람시대 이후 여성의 사회 참여는 활발하게 이루어졌다. 초기 이슬람시대의 무슬림 여성은 남성과 더불어 전쟁에 동참하기도 하였다. 사도 무함마드의 부인인 아이샤(عائشة)가 '낙타전투'(아이샤가 우쓰

만이 살해된 후 집권한 알리에 반대해 일으킨 전쟁 - 필자 주)를 진두지휘한 것이 그 좋은 예라 할 것이다. 종교적인 면에서도 초기 무슬림 여성은 종교 토론에 참여하여 비중 있는 역할을 수행하였다. 아이샤는 2,210개의 하디스를 전승한 하디스 전승가로 인정받고 있으며, 제2대 정통칼리파 우마르의 딸 합사는 아버지에게서 코란의 필사본을 물려받아 제3대 칼리파 우쓰만에게 물려줌으로써 코란 편찬에 크게 기여하였다. 여성에 대한 존중심이 없었더라면 여성의 전승이 신성한 종교의 증거가 되기란 쉬운 일이 아니었을 것이다. 비록 이들이 사도의 부인이나, 칼리파의 딸이라는 특별한 신분을 지녔던 여성들이긴 하지만, 이슬람 초기 여성의 위치는 상당히 높았음을 알 수 있다.

결혼문제에 있어서도 이슬람 초기에는 여성의 결혼 전력이 아무런 걸림돌이 되지 않았으며 미망인이나 이혼녀가 자유롭게 재혼할 수 있었다. 사도 무함마드의 첫 부인이었던 카디자는 두 번 이혼한 과부로서 후견인 없이 무함마드에게 청혼하였다. 그러나 압바시야시대 이래로 조로아스트교의 잔재라 할 수 있는 여성의 처녀성이 강조되면서 재혼에 대한 부정적인 시각이 등장하였다. 또한 우마위야시대 이래 끊임없는 정복 전쟁 결과 수많은 여자 노예들이 이슬람세계에 유입되면서 축첩(蓄妾)의 풍습이 더해졌고, 고대 페르시아 왕조인 사

산제국(226-651)의 하렘제도가 도입되어 여성이 사회적으로 고립되기 시작하였다.

무함마드 사후 아랍 무슬림들이 여성의 사회 참여가 빈약하였던 비잔틴, 사산제국을 점령하면서 아랍 여성의 위치는 격감되기 시작하였다. 정복민의 숫자가 아라비아 혈통의 무슬림 숫자를 훨씬 상회하면서 베드윈 아랍문화는 정복지의 사회적 경제적 상황을 변화시킬 수 없게 되었다. 더군다나 종교를 해석하여 법제화시킨 법학자나 신학자의 상당수가 비아랍인으로 이루어졌다. 그들은 여성에 관한 코란 구절의 해석에 자신들이 지니고 있던 옛 문화의 가치를 적용하였다. 또한 도덕적, 정신적 세계를 추구하던 사람들이 소외된 세속화된 이슬람제국은 남성 중심 사상에 젖어 있던 지배층에 의해 통치되었다. 정치가들과 결탁한 종교인들이 코란 구절을 자구 그대로 해석하면서 여성에게 불리한 이슬람법이 확립되었다. 정작 정권의 뒷전에서 도덕적 윤리적 메시지를 강조하던 수피와 카와리지파 무슬림들은 축첩이나 유아의 결혼, 일부다처, 히잡의 착용을 금지함으로써 여성에게 유리한 코란 해석을 하였다.

여성의 위치가 이슬람 초기보다 낮아진 또 다른 이유로는 코란의 불명확성으로 인한 코란 해석의 다양성을 들 수 있다. 예컨대 결혼에 관한 구절을 놓고 순니파는 1부4처로, 카와리지파는 1부1처로 해석하고 있다. 사도 자신에게 예외적으로 적용되었던 부인의 숫자도 이후 권력자들이 무한정의 여자와 결혼할 수 있는 악용의 소지를 만들어 주었다. 무엇보다도 남성 중심 사회의 타 문화가 유입된 10세기 정도에 이슬람법이 확립되어 여성에게 불리한 법규들이 생겨남으로써 무슬림 여성의 지위는 낮게 고착화 될 수밖에 없었다.

그 후 이슬람의 중세라 할 수 있는 15세기에서 19세기 초까지 다처와 축첩이 지배계급에서 성행하여 부인과 첩의 숫자가 계급과 권력의 척도가 되었다. 이혼과 재혼도 빈번하게 이루어졌다. 그러나 중

·히류 계층에서는 경제적 이유로 일부다처가 감소할 수밖에 없었으며, 결혼 시 여자의 집안에서 일처(妻)를 결혼 조건으로 내세우는 경우도 있었다. 산업화가 진행되면서 특히 이혼녀나 미망인들은 베일을 벗고 생활전선에 뛰어 들어야만 했다.

19세기 말 경제·군사·과학의 전 분야에서 이슬람국가에 비해 우월성을 지녔던 유럽국가에 의해 무슬림 여성의 문제가 처음으로 제기되었다. 당시 이슬람 지역에서 헤게모니를 잡으려던 유럽인들은 무슬림 여성의 위치를 이슬람과 무슬림이 열등하다는 구실로 이용하면서 유럽 제국주의와 식민주의의 정당성을 역설하였다. 그들은 이슬람에서 보장된 여성의 재산권과 상속권 등의 권한은 외면한 채, 당시 종교 외적 요인으로 열악한 상태에 있던 무슬림 여성의 위치를 자신들의 우월성을 주장하기 위한 구실로 삼았다. 오늘날 무슬림 여성에 대한 일반적인 시각은 이렇듯 이 지역의 독특한 환경과 상황 및 문화적 맥락에서 이해하지 않는 서구 중심의 시각에서 비롯되었다.

【코란 속의 여성】

▣ 믿음이 없는 여성과 결혼하지 말라. 믿음을 가진 여자노예가 믿음이 없는 유혹하는 매혹의 여자보다 나으리라. 또한 믿음이 없는 남성들이 믿음을 가질 때까지 딸들을 결혼시키지 말라. 믿음을 가진 노예가 믿음이 없이 유혹하는 매혹의 남성보다 나으리라. 이들은 지옥으로 유혹하도다……(제2장 221절)

▣ 사람들이 그대에게 여성의 생리에 관해 묻거든 이는 깨끗한 것이 아니라 일러 가로되, 생리 중에 있는 여성과 멀리하고 생리가 끝날 때까지 가까이 하지 말라. 그러나 생리가 끝났을 때

는 가까이하라. 이는 하나님의 명령이니라. 하나님은 항상 회개하는 자와 함께 있으며 청결을 기뻐하시니라.(제2장 222절)

■ 이혼한 여성은 3개월을 기다리게 되나니. 이는 하나님이 태내에 창조한 것을 숨기는 것을 막고자 함이라. 만일 그들이 하나님과 내세를 믿어 남편이 돌아올 의사가 있을 때는 남편은 이 기간에 돌아올 권리가 있으며, 또한 여성과 남성이 똑같은 권리가 있으나 남성이 여성보다 위에 있나니 하나님은 만사형통하심이라.(제2장 228절)

■ 아내와 이혼을 하고 법정 기간을 채웠을 때 그녀들에게 돌아오거나 또는 그녀들을 자유롭게 하여 줄 것이며, 그녀들을 괴롭히기 위해 또는 부당한 이익을 취하기 위해 그녀들에게 돌아오지 말라. 그것을 위반하는 자는 곧 자기 자신을 우롱하는 것이라……(제2장 231절)

■ 아내와 이혼하고 법정 기간을 채웠을 때 당사자의 상호 동의에 의해 합당한 조건하에 그녀들이 전남편들과 재혼하고자 한다면 이를 방해하지 말라. 이것은 하나님을 믿고 내세를 믿는 신앙인들을 위한 교훈이며, 그것은 또한 너희들을 위해 보다 고결하고 청결케 하기 위한 과정이라. 하나님은 너희들이 모르는 것을 알고 계시니라.(제2장 232절)

■ 여성과 동침하기 전 또는 여성에게 지참금을 결정하기 전에는 이혼을 하여도 죄악이 아니다. 그녀들에게 합당한 선물을 하라. 부유한 자는 부유한 대로 가난한 자는 가난한 대로 자기의 능력에 따르되 합당한 선물은 의로운 자들에 대한 의무라. 이혼한 여성들에게도 능력에 따라 부양금을 주어야 하거늘 이것은 의로운 신앙인들의 의무라.(제2장 236절)

■ 믿는 자들이여 일정 기간 채무를 계약할 때는 서식으로 기록하되 양자 사이에 서기로 하여금 공정하게 쓰게 하라……그리고 두 남자의 증인을 세울 것이며 두 남자가 없을 경우는 한 남자와 두 여자를 선택하여 증인으로 세우라……(제2장 282절)

■ 여성들과 자녀들과 금은보화들과 말들과 가축들과 농경지들은 인간의 현세 즐거움으로 장식되었으니 이것들은 현세생활의 즐거움이라. 그러나 하나님 가까이 있는 것이 보다 즐거운 안식처라.(제3장 14절)

■ 또 천사가 말하길 마리아여 하나님이 너를 선택하사 청결케 했으며 너를 모든 여성들 위에 두셨노라.(제3장 42절)

■ 만일 너희들이 고아들을 공정하게 대처하여 줄 수 있을 것 같은 두려움이 있다면 좋은 여성과 결혼하라. 두 번 또는 네 번도 좋으니라. 그러나 그녀들에게 공평을 베풀어 줄 수 없다는 두려움이 있다면 한 여성이거나 너희 오른손이 소유한 것이거늘. 그것이 너희를 부정으로부터 보호하여 주는 보다 적합한 것이라.(제4장 3절)

■ 결혼할 여자에게 결혼 지참금을 주라. 만일 너희에게 그것의 얼마가 되돌아온다면 기꺼이 수락해도 되니라.(제4장 4절)

■ 부모와 가까운 친척이 남긴 재산은 남자에게 귀속하며, 또한 부모와 가까운 친척이 남긴 재산은 여자에게도 귀속되나니. 남긴 것이 적든 또는 많든 합당한 몫이 있노라.(제4장 7절)

■ 너희 여인들 가운데 간음한 자 있다면 네 명의 증인을 세우고, 만일 여인들이 인정할 경우 그 여인들은 죽을 때까지 집 안에 감금되거나 아니면 하나님께서 다른 방법으로 그 여인들에게 명할 것이라.(제4장 15절)

■ 믿는 신앙인들이여 강제로 여성들을 유산으로 남기는 것은 허락되지 아니하며, 그녀들이 재혼하려 할 때 방해하지 말 것이며, 너희가 그녀들에게 준 것의 일부를 빼앗기 위해 그녀들을 학대해서도

아니 되니라. 그녀들이 분명한 비행을 저질렀을 경우는 예외라. 그녀들과 의롭게 살 것이며, 만일 너희가 그녀들을 싫어한다면 이는 하나님이 주신 풍성한 선행의 일부를 증오한 것이라.(제4장 19절)

▣ 너희 아버지들이 결혼한 여자들과 결혼하지 말라. 과거에 지나간 것은 제외되나 그것은 수치요 증오이며 저주받은 관습이라. (제4장 22절)

▣ 이미 결혼한 여성과도 금지되나 너희들의 오른손이 소유한 것은 제외라. 이것은 하나님의 명령이며 이외에는 너희를 위해 허락이 되었으며 간음이 아닌 합법적 결혼을 원할 경우 지참금을 지불해야 되나니 너희가 그들과 결혼함으로써 욕망을 추구했다면 그녀들에게 지참금을 줄 것이라. 그 의무가 행해진 후에는 쌍방의 합의에 의한 것에 관하여는 너희에게 죄악이 아니거늘……(제4장 24절)

▣ 너희 가운데 부유하고 신앙이 두터운 여성과 결혼할 수 없는 자는 너희들의 오른손이 소유한 자들 가운데서 신앙심이 두터운 하녀들과 결혼함이 나으리라. 하나님은 너희들의 믿음을 잘 아시고 계시며 또한 너희는 아담의 한 자손이라. 그러므로 그녀 보호자의 허락을 얻어 결혼하되 적절한 지참금을 지불할 것이라. 그들은 순결하니 간음하지 말 것이며 정부를 두어서도 아니 되거늘, 만일 그녀들이 결혼해서 간음을 한다면 그녀들에게는 자유 신분을 가진 여성이 받은 벌의 절반이라. 이것은 너희들 가운데 간음을 두려워하는 자를 위함이라. 그러니 인내하라 그것이 너희에게 나으리라……(제4장 25절)

▣ 너희 가운데 하나님의 은혜를 보다 많이 받은 자가 있나니 시기하지 말라. 남성은 그들이 얻은 것 가운데서 몫이 있고 여성도 그들이 얻은 것 가운데서 몫이 있나니 서로를 시기하지 말며 하나님께 구원하라……(제4장 32절)

▣ 남성은 여성의 보호자라. 이는 하나님께서 여성들보다 강한 힘

을 주었기 때문이라. 남성은 여성을 그들의 모든 수단으로써 부양하나니 건전한 여성은 헌신적으로 남성을 따를 것이며 남성이 부재 시 남편의 명예와 자신의 순결을 보호할 것이라. 순종치 아니하고 품행이 단정치 못하다고 생각되는 여성에게는 먼저 충고를 하고 그 다음으로는 잠자리를 같이 하지 말 것이며 셋째로는 가볍게 때려줄 것이라. 그러나 다시 순종할 경우는 그들에게 해로운 어떠한 수단도 강구하지 말라……(제4장 34절)

■ 믿는 신앙인들이여 술에 취하여 예배하지 말라……너희가 아프거나 여행 중일 때 화장실에서 돌아왔을 때 여성을 만졌을 때, 물을 발견치 못했을 때는 깨끗한 흙 위에 따얌뭄을 하고 너희 얼굴과 양손을 문질러 깨끗이 하라……(제4장 43절)

■ 너희가 최선을 다한다 하여 아내들을 공평하게 할 수 없으리라. 한쪽으로 치우쳐 매달린 여인처럼 만들지 말라……(제4장 129절)

■ 오늘날 너희에게 좋은 것들이 허락되었으니 성서를 받은 자들의 음식이 허락되었고 또한 너희의 음식도 그들에게 허락되었으며, 믿음이 강한 순결한 여성들이며 그대 이전에 성서를 받은 자들의 여성들도 너희가 그녀들에게 지참금을 지불하고 그들과 화목하게 살 때는 허락된 것이거늘 간음을 해서는 안 되며 내연의 처를 두어서도 아니 되나니……(제5장 5절)

■ 또 그들이 말하더라. 이 가축들 태내의 모든 것은 남성을 위한 양식으로 여성에게는 금기라. 그러나 사생아가 태어난다면 그것은 모두가 그 안에 함께 했음이라 하더라. 그들의 거짓함에 벌을 내리시리니……(제6장 139절)

■ 너희는 여성을 마다하고 남성에게 성욕을 품으니 너희는 실로 죄지은 백성들이라.(제7장 81절)

■ 남자 위선자가 그렇고 여자 위선자가 그러하거늘, 금기한 것은 행하고 의무화한 것은 실천치 아니하며 그들의 손들을 움켜쥐고 하나님을 망각하니 그분도 그들을 생각지 아니하시더라. 실로 위선자들은 해악을 끼치는 자들이라.(제9장 67절)

■ 하나님은 남자 위선자와 여자 위선자와 불신자들에게 불의 지옥을 약속하셨나니 그곳에서 영생하리라. 그것이 그들을 위한 대가이자 하나님의 저주가 있으리니 영원한 벌만이 그들을 위함이라.(제9장 68절)

■ 남녀 신앙인들은 서로가 서로를 위한 보호자라. 그들은 선을 행하고 사악함을 멀리하며 예배를 드리고 이슬람 세를 바치라 하셨노라. 또한 하나님과 그분의 선지자에게 순종하사 하나님께서 그들에게 은혜를 베풀 것이라……(제9장 71절)

■ 순결한 여성들을 중상하는 자들이 네 명의 증인을 내세우지 못할 경우 그들에게 여든 대의 가죽형을 가하되 그들의 증언도 수락해서는 아니 되나니 이들은 사악한 죄인들이라.(제24장 4절)

■ 사실을 알지 못하고 순결한 여성들을 중상하는 자는 현세와 내세에서 저주를 받을 것이며 그들에게는 크나큰 벌이 있으리라.(제24장 23절)

■ 순결치 못한 여성은 순결치 못한 남성을 위해서, 순결한 남성은 순결한 여성을 위해서, 훌륭한 여성은 훌륭한 남성을 위해서 있나니……(제24장 26절)

■ 믿는 여성들에게 일러 가로되 그녀들의 시선을 낮추고 순결을 지키며 밖으로 나타내는 것 외에는 유혹하는 어떤 것도 보여서는 아니 되나라. 그리고 가슴을 가리는 머릿수건을 써서 남편과 그녀의 아버지, 남편의 아버지, 그녀의 아들, 남편의 아들, 그녀의 형제, 그녀 형제의 아들, 그녀 자매의 아들, 여성 무슬림, 그녀가 소유하고 있는 하녀, 성욕을 갖지 못한 하인 그리고 성에

대한 부끄러움을 알지 못하는 어린이 외에는 드러내지 않도록
하라. 또한 여성이 발걸음 소리를 내어 유혹함을 보여서는 아니
되나니……(제24장 31절)

■ 너희가 여자가 아닌 남자들에게 성욕을 갖느뇨. 실로 너희는 무
지한 백성들이라.(제27장 55절)

■ 사도의 아내들이여 너희는 다른 여성들과 같지 않나니 만일 너
희가 하나님을 두려워한다면 남성들에게 나약한 말을 하지 말
라. 마음에 병든 남성들이 너희에게 욕정을 갖노라. 필요하고
정당한 말만 함이 좋으니라.(제33장 32절)

■ 실로 무슬림 남녀에게, 믿음이 있는 남녀에게, 순종하는 남녀
에게, 진실한 남녀와 인내하는 남녀에게, 두려워하는 남녀와
자선을 베푸는 남녀에게, 단식을 행하는 남녀와 정조를 지키는
남녀에게, 하나님을 염원하는 남녀에게 하나님은 관용과 크나
큰 보상을 준비하셨노라.(제33장 35절)

■ 믿는 사람들이여 너희가 믿는 여성들과 결혼하여 동침하기 전
에 이혼하려 할 때 너희는 일정 기간을 계산할 권리가 없나니.
그녀들에게 일정한 자선금을 지불하고 그녀들을 자유롭고 친
절하게 대하라.(제33장 49절)

■ 그 이후 그대가 그 이상의 여성과 결혼함이 허용되지 아니하며
미모의 여성이 그대를 유혹한다 하여도 그녀들을 대체할 수 없
으되 그대의 오른손이 소유한 것들은 제외라……(제33장 52절)

■ 여성들이 그녀들의 아버지와 아들과 형제의 아들과 자매의 아
들과 여성들과 그들의 오른손이 소유하고 있는 하인들 앞에서
는 가리지 아니해도 죄악이 아니되 하나님을 경외하라. 하나님
은 모든 것을 지켜보고 계시니라.(제33장 55절)

■ 믿음을 가진 남성과 여성을 부당하게 하거나 욕되게 대하는 자 있
다면 실로 그들이 위증의 죄인으로 명백한 죄악이라.(제33장 58절)

▣ 사도여 그대의 아내들과 딸들과 믿는 여성들에게 베일을 쓰라고 이르라. 그때는 외출할 때라. 그렇게 함이 가장 편리한 것으로 그렇게 알려져 간음되지 않도록 함이라……(제33장 59절)

▣ 하나님은 믿음을 가진 남성과 여성으로 하여금 물이 흐르는 천국으로 들게 하여 그곳에서 영생케 하며 그들의 과오를 제거하여 주시니 그곳이 하나님 앞에서는 가장 큰 승리라.(제48장 5절)

▣ 믿는 사람들이여 사람이 다른 사람을 비웃지 않도록 하라. 후자가 전자보다 훌륭할 수도 있노라. 여성이 다른 여성을 비웃지 않도록 하라, 후자가 전자보다 훌륭할 수도 있노라. 서로가 서로에게 중상하는 것과 저속한 변명도 아니 되니라……(제49장 11절)

▣ 자선을 베푸는 남녀에게 그리고 하나님을 위해 재산을 바치는 그들을 위해 두 배의 보상이 더하여지니 그들은 훌륭한 보상을 받으리라.(제57장 18절)

▣ 믿는 사람들이여 믿음을 가진 여성이 너희에게 올 때 그녀들을 시험하라. 하나님은 그녀들의 믿음을 온전히 알고 계시니라. 그때 너희가 그녀들이 믿는 자들임을 발견했다면 그녀들을 불신자들에게로 보내지 말라. 또한 이 여성들은 그들에게 허락되지 아니하며 또한 불신자들은 그녀들에 대한 권리가 없노라. 그리고 그녀들에게 그들이 지불한 것은 주되 너희가 지참금을 지불하고 그녀들과 결혼할 경우는 죄악이 아니거늘 믿지 않는 여성들과 결혼하지 말라……(제60장 10절)

▣ 선지자여 너희가 여성과 이혼하고자 할 경우 정하여진 기간을 두고 이혼을 하되 그 정하여진 기간을 헤아릴 것이며 너희 주님을 두려워할 것이라. 그녀들을 가정으로부터 내보내지 말며 그녀들 스스로 나가서도 아니 되나니 이는 그녀들이 간음하지 않도

록 함이라. 이것들이 하나님의 법이거늘 누구든 이 법을 벗어난 자는 스스로를 욕되게 한 사라. 그 후 하나님께서 다시 재결합하게 하시는지를 너희는 모르기 때문이라.(제65장 1절)

■ 생리 기간이 끝나 버린 여성이라도 너희가 의심할 경우는 그녀들을 위해 정해진 기간은 석 달이며 생리에 이르지 아니한 여성도 마찬가지라. 또한 임신한 여성의 기간은 출산할 때까지로……(제65장 4절)

■ 너희 생활수단에 따라 너희가 사는 것처럼 이혼될 여성도 살게 하라. 그리고 그녀들을 해치지 말라. 너희가 그녀들을 곤경에 빠뜨리게 하지 않게 하기 위해서라. 그녀들이 임신 중이라면 출산할 때까지 비용을 지불할 것이며, 그녀들이 젖을 먹인다면 그녀들에게 보상을 지불하고 서로가 의무를 다하도록 할 것이며, 그렇게 할 수 없을 경우 유모로 하여금 젖을 먹이도록 하라.(제65장 6절)

■ 실로 믿음을 가진 남성과 여성을 학대하고 회개하지 아니한 자들에게는 지옥의 응벌이 있을 것이니 그들은 타오르는 불지옥의 응벌을 맛보리라.(제85장 10절)

2. 여성과 베일

'히잡(باححِ)'은 '베일·커튼·휘장·장막'을 의미한다. 코란에서는 히잡이란 용어가 여성의 의복을 의미하지 않으며, 무슬림들이 사도의 아내들과 대화할 때 그 사이에 드리워져 있던 커튼을 의미한다. 또한 이 용어는 하나님과 모세를 분리해 주는 커튼을 말할 때도 사용된다. 사도의 부인들이 외출을 할 때 그녀들은 히잡으로 얼굴을 가렸다. 얼굴을 가리는 것은 당시 다른 여성들에게는 허용되지 않았던 것 같다. 왜냐하

면 히잡이 특별히 사도의 부인들을 위한 것
이었기 때문이었다.

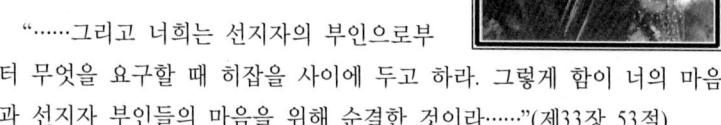

"······그리고 너희는 선지자의 부인으로부
터 무엇을 요구할 때 히잡을 사이에 두고 하라. 그렇게 함이 너의 마음
과 선지자 부인들의 마음을 위해 순결한 것이라······"(제33장 53절)

코란은 또한 우리의 벌거벗음을 가리는 의복 착용과 신의 창조의 아
름다움을 반영하는 장식으로서의 의복 착용 둘 다에 관해 이야기한다.

"아담의 자손들이여 너희들에게 의상을 주었으니 너희의 부끄러운 곳
을 감추고 아름답게 꾸미라. 그러나 하나님을 공경하는 의상이 제일이니
라. 그것이 곧 하나님의 증표이거늘 그들을 기억하리라."(제7장 26절)

"아담의 자손들이여 너희가 예배하는 때와 예배하는 곳에서는 의상
으로 단장하되 사치하지 말라. 실로 하나님은 낭비하는 이들을 사랑하
지 아니하시니라."(제7장 31절)

히잡은 다음과 같은 의미들을 가지고 있다:

① 복 종

히잡은 알라와 그의 사도 무함마드에게 복종하는 행위이다:

"믿는 여성들에게 일러 가로되 그녀들의
시선을 낮추고 순결을 지키며 밖으로 나타
내는 것 외에는 유혹하는 어떤 것도 보여
서는 아니 되니라. 그리고 가슴을 가리는 머릿수건(히잡)을 써서 남편
과 그녀의 아버지, 남편의 아버지, 그녀의 아들, 남편의 아들, 그녀의
형제, 그녀 형제의 아들, 그녀 자매의 아들, 여성 무슬림, 그녀가 소유

하고 있는 하녀, 성욕을 갖지 못한 하인 그리고 성에 대한 부끄러움을 알지 못하는 어린이 외에는 드리내지 않도록 하라. 또한 여성이 발걸음 소리를 내어 유혹함을 보여서도 아니 되나니."(제24장 31절)

② 정 숙

여성들이 아름다움을 명확하게 드러내는 것은 여성들에게 해롭다. 매력이 사라지면 제한이 제거되며, 이는 모든 매력이 사라진 나이든 여성들의 경우에 해당된다. 알라께서는 여성들에게 얼굴과 손을 제외한 모든 신체를 겉옷(히잡)으로 감추라고 하셨다. 그것이 그들의 정숙함을 지키는 데 더 좋기 때문이다:

> "사도여 그대의 아내들과 딸들과 믿는 여성들에게 베일을 쓰라고 이르라. 그때는 외출할 때라. 그렇게 함이 가장 편리한 것으로 그렇게 알려져 간음되지 않도록 함이라."(제33장 59절)

③ 순 결

히잡은 믿는 남성들과 여성들의 마음에 더 큰 순결을 만들어 준다. 왜냐하면 히잡이 마음의 욕망을 차단해 주기 때문이다. 만일 히잡이 없다면 마음에 욕망이 일 수도 있다. 보지 않으면 마음이 한층 더 순결한 것이 그 이유이다:

> "사도의 아내들이여 너희는 다른 여성들과 같지 않나니. 만일 너희가 하나님을 두려워한다면 남성들에게 나약한 말을 하지 말라. 마음에 병든 남성들이 너희에게 욕정을 갖노라. 필요하고 정당한 말만 함이 좋으니라."(제33장 32절)

"너희는 선지자의 부인으로부터 무엇을 요구할 때 가림새(히잡)를 사이에 두고 하라. 그렇게 함이 너의 마음과 선지자 부인들의 마음을 위해 순결한 것이라."(제33장: 53절)

④ 방패(보호)

사도께서 말씀하시길, "알라는 하늘이며, 수줍음이 많으시고, 보호자시다. 알라는 수줍음과 보호를 사랑하신다. 남편의 집이 아닌 다른 곳에서 옷을 벗은 여자는 알라의 방패(보호)를 깨부순 자이라."

⑤ 의로움

오늘날의 의상들은 너무 노출이 심해 거의 여성들의 몸을 가리고 보호하지 못한다. 믿는 여성들에게 의상의 목적은 자신들의 몸을 보호하고 은밀한 부분들을 가리는 데 있다. 그것이 의로운 행동이라:

"아담의 자손들이여 너희들에게 의상을 주었으니 너희의 부끄러운 곳을 감추고 아름답게 꾸미라. 그러나 하나님을 공경하는 의상이 제일이니라. 그것이 곧 하나님의 증표이거늘 그들을 기억하리라."(제7장 26절)

⑥ 신앙(믿음)

알라께서는 믿는 여성들을 제외한 다른 여성들에게는 히잡에 관해 말씀하시지 않으셨다. 사도의 부인 아이샤는 속이 비치는 옷을 입고 자신을 방문한 바누 타밈 부족의 여성들에게 말하길, "당신들이 만일 믿는 여성들이라면 당신들의 의상은 적절치 못하며, 만일 믿지 않는 여성들이라면 그대로 입어도 상관없다."

⑦ 수줍음

하디스에 따르면, "각각의 종교에는 도덕이 있다. 이슬람의 도덕은 수줍음이다. 수줍음은 믿음으로부터 나오며, 믿음은 천국에 있다."
히잡은 여성의 본질 중의 하나인 본연의 수줍음에 적합하다.

【코란 속의 베일】

▣ 믿는 여성들에게 일러 가로되 그녀들의 시선을 낮추고 순결을
지키며 밖으로 나타내는 것 외에는 유혹하는 어떤 것도 보여
서는 아니 되니라. 그리고 가슴을 가리는 머릿수건을 써서 남
편과 그녀의 아버지, 남편의 아버지, 그녀의 아들, 남편의 아
들, 그녀의 형제, 그녀 형제의 아들, 그녀 자매의 아들, 여성
무슬림, 그녀가 소유하고 있는 하녀, 성욕을 갖지 못한 하인,
그리고 성에 대한 부끄러움을 알지 못하는 어린이 외에는 드
러내지 않도록 하라. 또한 여성이 발걸음 소리를 내어 유혹함
을 보여서는 아니 되나니……(제24장 31절)

▣ 사도여 그대의 아내들과 딸들과 믿는 여성들에게 베일을 쓰라
고 이르라. 그때는 외출할 때라. 그렇게 함이 가장 편리한 것
으로 그렇게 알려져 간음되지 않도록 함이라. 실로 하나님은
관용과 자비로 충만하심이라.(제33장 59절)

1. 아랍연맹

아랍 국가들의 연합인 아랍연맹은 1945년 3월 22일 카이로에서 결성되었다. 창립 회원국은 이집트, 시리아, 레바논, 이라크, 요르단, 사우디아라비아, 예멘 등이다. 그 외에도 리비아(1953), 수단(1956), 튀니지와 모로코(1958), 쿠웨이트(1961), 알제리(1962), 예멘(1967), 바레인, 오만, 카타르, 아랍에미리트(1971), 모리타니아(1973), 소말리아(1974), 팔레스타인 해방기구(PLO: 1967) 및 지부티(1977) 등의 국가가 차례로 가입했다.

연맹의 설립 목적은 회원국들의 정치적, 문화적, 경제적, 사회적 계획을 강화·조정하고 회원국 간 및 제3국과 생기는 분쟁을 조정하는 것이었다. 이 기구는 1950년 4월 13일 집단 방위와 경제협력에 대한 협정서가 조인되면서 군사적 방어조치에 대한 조정권을 갖게 되었다. 초기의 몇 년 동안은 주로 경제적·문화적·사회적 계획에 관심을 기울였다. 1959년 제1차 아랍 석유회의를 개최했으며, 1964년 아랍연맹 교육문화과학기구(ALECSO)를 설립했다. 또한 1964년 요르단의 반대를 무릅쓰고 PLO를 팔레스타인 난민 대표기구로 인정했다. 아랍연맹은 정치적인 문제, 특히 이스라엘과 팔레스타인에 관한 문제로 내분이 생겨 기능이 약화되었다. 1979년 3월 26일 이집트와 이스라엘

이 평화협정을 맺자 아랍연맹의 다른 회원국들은 이집트의 회원자격을 중지시키고 연맹 본부를 카이로에서 투니스로 옮길 것을 결의했다. 이집트는 비공식적으로 1989년 아랍연맹의 회원국으로 복귀했다.

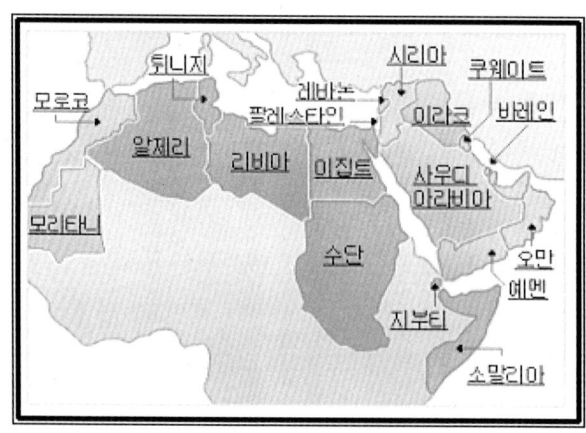

1) 이집트[مصر]

◆ 공식명칭: 이집트아랍공화국(Arab Republic of Egypt)
◆ 인구: 77,505,756 (July 2005 est. / CIA)
◆ 수도: 카이로(القاهرة)
◆ 정체·의회형태: 공화제, 단원제
◆ 국가원수 / 정부수반: 대통령 / 총리
◆ 공식 언어: 아랍어
◆ 독립연월일: 1922. 2. 28(영국)
◆ 화폐단위: 기네 / 1$＝5.78(2005)
【화두】이집트문명(피라미드, 스핑크스, 투탕카문), 이슬람문명(모
　　　스크, 탄누라댄스), 유적도시들(카이로, 룩소르, 알렉산드리
　　　아), 무바라크 5선당선(2005)

2) 시리아[سُوريَا]

◆ 공식명칭: 시리아아랍공화국(Syrian Arab Republic)
◆ 인구: 18,448,752(July 2005 est. / CIA)
◆ 수도: 다마스쿠스(دِمَشْق)
◆ 정체 · 의회형태: 중앙집권공화제, 다당제, 단원제
◆ 국가원수 / 정부수반: 대통령 / 대통령(바샤르 알아사드)
◆ 공식 언어: 아랍어
◆ 독립연월일: 1946. 4. 17(프랑스)
◆ 화폐단위: 리얄 / 1$ = 11.2(2005)
【화두】 역사도시(다마스쿠스, 팔미라, 알렙포), 시리아와 레바논 관계

3) 레바논[لبنان]

◆ 공식명칭: 레바논공화국(Lebanese Republic)

◆ 인구: 3,826,018 (July 2005 est. / CIA)

◆ 수도: 베이루트(بيروت)

◆ 정체・의회형태: 중앙집권공화제, 다당제, 단원제

◆ 국가원수 / 정부수반: 대통령 / 총리

◆ 공식 언어: 아랍어

◆ 독립연월일: 1941. 11. 26(프랑스)

◆ 화폐단위: 디나르 / 1$＝1.5(2005)

【화두】이슬람과 기독교, 중동의 파리 베이루트, 지브란 칼릴 지브
란(예언자), 삼나무

4) 이라크[العراق]

◆ 공식명칭: 이라크공화국(Republic of Iraq)

◆ 인구: 26,074,906 (July 2005 est. / CIA)

◆ 수도: 바그다드(بغداد)

◆ 정체·의회형태: 과도정권, 단원제

◆ 국가원수 / 정부수반: 대통령 / 대통령

◆ 공식 언어: 아랍어·쿠르드어

◆ 독립연월일: 1932. 10. 3(영국)

◆ 화폐단위: 디나르 / 1$ = 1,475(2005)

【화두】 후세인, 미국 점령, 순니와 쉬아의 갈등, 쿠르드, 자이툰부
　　　대, 카르발라(아슈라), 사마라(나선형첨탑)

5) 요르단[الأردنْ]

◆ 공식명칭: 요르단 하심 왕국(Hashemite Kingdom of Jordan)
◆ 인구: 5,759,732 (July 2005 est. / CIA)
◆ 수도: 암만(عَمَّان)
◆ 정체 · 의회형태: 입헌군주제, 양원제
◆ 국가원수 / 정부수반: 국왕 / 국왕
◆ 공식 언어: 아랍어
◆ 독립연월일: 1946. 5. 25(영국)
◆ 화폐단위: 디나르 / 1$＝0.709(2005)
【화두】 역사도시(페트라, 제라쉬), 여름휴양지 암만, 줄타기외교,
       명예살인

6) 사우디아라비아[المَمْلَكَة العَرَبِيَّة السَّعُودِيَّة]

◆ 공식명칭: 사우디아라비아왕국(Kingdom of Saudi Arabia)
◆ 인구: 26,417,599(July 2005 est. / CIA)
◆ 수도: 리야드(الرِّيَاض)
◆ 정체 · 의회형태: 군주제
◆ 국가원수 / 정부수반: 국왕 / 국왕
◆ 공식 언어: 아랍어
◆ 독립연월일: 1932. 9. 23(왕국통일)
◆ 화폐단위: 리얄 / 1$=3.747(2005)
【화두】역사도시(메카, 메디나), 카으바, 와하비즘, 석유

7) 예멘[اليَمَن]

◆ 공식명칭: 예멘공화국(Republic of Yemen)
◆ 인구: 20,727,063 (July 2005 est. / CIA)
◆ 수도: 사나(صنعاء)
◆ 정체·의회형태: 공화제, 다당제, 양원제
◆ 국가원수 / 정부수반: 대통령 / 총리
◆ 공식 언어: 아랍어
◆ 독립연월일: 북예멘 1918. 12(오스만제국), 남예멘 1967.11.30(영국),
  남북통일 1990.5.22
◆ 화폐단위: 리얄 / 1$ = 192.67(2005)
【화두】 역사도시(사나), 마리브댐, 이람 (아드족, 무드족)

8) 리비아[ليبيا]

◆ 공식명칭: 리비아사회주의인민아랍국
      (Socialist People's Libyan Arab Jamahiriya)
◆ 인구: 5,765,563(July 2005 est. / CIA)
◆ 수도: 트리폴리(طرابلس)
◆ 정체·의회형태: 사회주의인민공화제, 단원제
◆ 국가원수 / 정부수반: 전인민의회 의장 / 전인민위원회 의장
◆ 공식 언어: 아랍어
◆ 독립연월일: 1951. 12. 24(이탈리아)
◆ 화폐단위: 디나르 / 1$＝1,3(2005)
【화두】무암마르 알카다피, 그린북

9) 수단[السُّودان]

◆ 공식명칭: 수단공화국(Republic of the Sudan)
◆ 인구: 40,187,486 (July 2005 est. / CIA)
◆ 수도: 행정수도 카르툼(الخَرطُوم)
◆ 정체·의회형태: 군사정권, 단원제
◆ 국가원수 / 정부수반: 대통령 / 대통령
◆ 공식 언어: 아랍어
◆ 독립연월일: 1956. 1. 1(이집트, 영국)
◆ 화폐단위: 디나르 / 1$＝243.6(2005)
【화두】 내전과 석유, 이집트와의 물 분쟁(나일강), 피라미드(나파타,
메로에)

10) 튀니지[تُونِس]

◆ 공식명칭: 튀니지공화국(Republic of Tunisia)
◆ 인구: 10,074,951 (July 2005 est. / CIA)
◆ 수도: 투니스(تُونِس)
◆ 정체·의회형태: 공화제, 다당제, 단원제
◆ 국가원수 / 정부수반: 대통령 / 총리
◆ 공식 언어: 아랍어
◆ 독립연월일: 1956. 3. 20(프랑스)
◆ 화폐단위: 디나르 / 1$ = 1,2(2005)
【화두】까이라완모스크, 페니키아, 한니발

11) 모로코[المغرب]

◆ 공식명칭: 모로코왕국(Kingdom of Morocco)
◆ 인구: 32,725,847 (July 2005 est. / CIA)
◆ 수도: 라바트(رباط)
◆ 정체·의회형태: 입헌군주제, 양원제
◆ 국가원수 / 정부수반: 국왕 / 국왕
◆ 공식 언어: 아랍어
◆ 독립연월일: 1956. 3. 2(프랑스)
◆ 화폐단위: 디르함 / 1$=8.8(2005)

【화두】 역사도시(라바트, 페즈, 마라케쉬, 카사블랑카), 스페인과의
영토분쟁, 베르베르, 판좌(이븐 바뚜따)

12) 쿠웨이트[الكويت]

◆ 공식명칭: 쿠웨이트국(State of Kuwait)

◆ 인구: 2,335,648(July 2005 est. / CIA

◆ 수도: 쿠웨이트(الكويت)

◆ 정체·의회형태: 입헌군주제, 단원제

◆ 국가원수 / 정부수반: 국왕 / 국왕

◆ 공식 언어: 아랍어

◆ 독립연월일: 1961. 6. 19(영국)

◆ 화폐단위: 디나르 / 1$=0.3(2005)

【화두】 이라크와의 전쟁(제1차 걸프전)

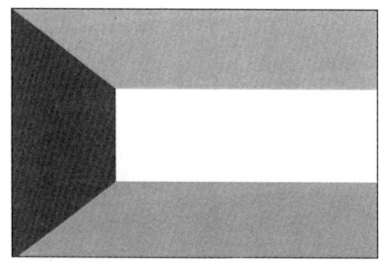

13) 알제리[الجزائر]

◆ 공식명칭: 알제리인민민주공화국
  (People's Democratic Republic of Algeria)

◆ 인구: 32,531,853 (July 2005 est. / CIA)

◆ 수도: 알제(الجزائر)

◆ 정체·의회형태: 공화제, 다당제, 양원제

◆ 국가원수 / 정부수반: 대통령 / 총리

◆ 공식 언어: 아랍어

◆ 독립연월일: 1962. 7. 5(프랑스)

◆ 화폐단위: 디나르 / 1$ = 73.2(2005)

【화두】 프랑스와의 독립전쟁, 아랍어와 불어, 라이음악

14) 바레인[البَحْرَين]

◆ 공식명칭: 바레인왕국(Kingdom of Bahrain)
◆ 인구: 688,345(July 2005 est. / CIA)
◆ 수도: 마나마(المَنَامَة)
◆ 정체 · 의회형태: 입헌군주제, 양원제
◆ 국가원수 / 정부수반: 국왕 / 총리
◆ 공식 언어: 아랍어
◆ 독립연월일: 1971. 8. 15(영국)
◆ 화폐단위: 디나르 / 1$ = 0.4(2005)
【화두】 사우디아라비아와의 관계

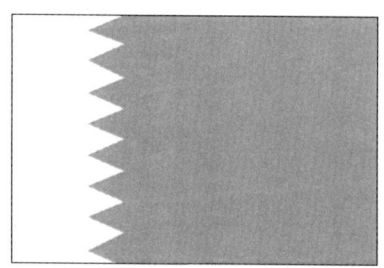

15) 오만[عُمَان]

◆ 공식명칭: 오만이슬람왕국(Sultanate of Oman)

◆ 인구: 3,001,583(July 2005 est. / CIA)

◆ 수도: 무스카트(مَسْقَط)

◆ 정체·의회형태: 군주제, 양원제

◆ 국가원수 / 정부수반: 술탄 / 술탄

◆ 공식 언어: 아랍어

◆ 독립연월일: 1650(포르투갈)

◆ 화폐단위: 리얄 / 1$＝0.4(2005)

【화두】 무스카트의 아름다움

16) 카타르[قَطَر]

♦ 공식명칭: 카타르국(State of Qatar)

♦ 인구: 863,051 (July 2005 est. / CIA)

♦ 수도: 도하(الدُّوحَة)

♦ 정체·의회형태: 군주제

♦ 국가원수 / 정부수반: 국왕 / 국왕

♦ 공식 언어: 아랍어

♦ 독립연월일: 1971. 9. 3(영국)

♦ 화폐단위: 리얄 / 1$=3.6(2005)

【화두】 인구구성 및 사회문제(아랍40%, 파키스탄18%, 인도18%,
　　　이란10%, 기타14%)

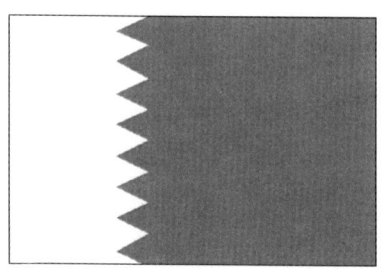

17) 아랍에미리트[الإمَارَاتُ العَرَبِيَّةُ المُتَّحدَةُ]

◆ 공식명칭: 아랍에미리트연방(United Arab Emirates)

◆ 인구: 2,563,212(July 2005 est. / CIA)

◆ 수도: 아부다비(أَبُو ظَبِي)

◆ 정체·의회형태: 7개 에미리트의 연방제, 단원제

◆ 국가원수 / 정부수반: 대통령 / 총리

◆ 공식 언어: 아랍어

◆ 독립연월일: 1971. 12. 2(영국)

◆ 화폐단위: 디르함 / 1$＝3.7(2005)

【화두】 두바이 버즈 알아랍호텔,

18) 팔레스타인[فلسطين]

◆ 정부형태: 공화자치제

◆ 수도: 가자市(غَزَّة)

◆ 국경일: 독립국가 선포(1988. 11. 15)

◆ 인구: 198만 명(1995)

◆ 언어: 아랍어

◆ 종교: 이슬람

◆ 인종: 아랍인

【화두】인티파다, 야세르 아라파트와 팔레스타인해방기구, 분리장벽,
　　　유대인정착촌, 예루살렘

2. 아랍인의 기질

◆ 아랍인들은 아랍어라는 유일 공통의 의식매체를 통하여 이야기하고, 같은 전통과 역사를 소중히 여기며 같은 문화적 유산을 지니고 있다. 또한 그들은 이슬람이라는 하나의 상징적인 제도를 가지고 다른 세계에 대처하고 있다.

◆ 아랍인이란 하나의 국민이라고도 할 수 있으나, 아직 법적인 의미의 국적은 없다. '나는 아랍인입니다'라고 말하는 사람들의 외국인 통행증에는 시리아인, 레바논인, 요르단인, 이집트인, 이라크인 또는 아라비아반도 제국의 국적이 씌어 있다. 상당수의 아랍 국가가 있고, 틀림없이 아랍연맹도 있다. 그러나 모든 아랍인을 국민으로 하는 단일 아랍 국가는 아직 존재하지 않는다. 그러나 아라비즘(Arabism)의 법적인 내용은 없다 해도 아라비즘은 엄존한다. 아랍인들의 '아랍왕국'에 대한 자랑, 아랍인끼리를 연결하는 과거 및 현재의 연대의식은 강렬하다.(버나드 루이스)

◆ 아랍인들에게 있어서 역사의 중심적 사실은 사도 무함마드의 포교 활동과 사라센제국(이슬람제국)에 대한 추억이며, 나아가 자기들의 공유재산으로서 아랍어와 아랍어로 된 문화적 유산에 애착을 품은 사람들, 그러한 사람들은 모두가 아랍인이다.(깁)

◆ 아랍어가 아랍인 사이의 유대를 가장 강화시키고 있다. 아랍어에 대한 깊은 애착이야말로 교육 받은 사람이나 그렇지 않은 사람을 불문하고 모든 아랍인의 특징이며, 아랍어에 대해서는 신기하다고 할 수 있을 정도로 누구나 애정을 갖고 있다.

◆ 이슬람교는 아랍인을 통일하는 힘으로써 아랍인 사이에 뚜렷이 살아 있으며, 그것은 단순한 종교가 아니라 하나의 문화와 생활의

수단이기도 하다. 이슬람교의 성전 코란은, 지방마다 약간씩 달라져 가는 방언으로 말미암아 아랍어가 무너져 가는 것을 막고, 그렇게 함으로써 사고와 표현의 일체화를 유지하여 왔다.

◆ 범 아라비즘은 항상 아랍인의 이데올로기의 주류였으며, 모든 아랍인 애국자들은 시종 위대한 아랍 국가의 건설을 머릿속에 그려 왔다.

◆ 아랍이라는 이름은 인종적 관념을 나타내는 것이 아니라 오히려 문화적 결합을 나타내는 용어라고 할 수 있다. 오늘날 아랍인이라 불리는 사람들은 몇몇 인종의 자손들인데, 그중에서도 셈족과 햄족, 두 인종이 주류를 이루고 있다.

◆ 아랍인은 구성원 전원에게 친구 사이라는 감정이 스며 있다. 개인은 원칙적으로 가족의 일부이고 그 속에서 권리와 의무를 부여받고 있다. 이를 기반으로 완벽한 상호의존제도가 형성되고, 성실·헌신·충성은 모든 희생을 다해 지켜야 한다.

◆ 선불과 반대급부, 특히 친절을 베풀 때에 나타나는 <제도>는, 아랍인 사이의 뿌리 깊은 관습이다. '그렇게까지 고맙게 여길 필요는 없어. 되갚게 될 테니까' – 어떤 친절을 받았을 때 아랍인은 이렇게들 말한다. 친절을 베푼 사람은 상대방이 그 친절을 잊어버리지 않고 어느 땐가는 같은 친절을 베풀어 줄 것을 기대한다. 친절을 받은 쪽이 그 보답을 게을리 하거나 보답이 늦거나 하는 것은 <수치>로 여기며, 친절을 베푼 사람으로부터 조소를 당한다.

◆ 아랍인들은 프라이버시가 없다. 아랍인은 개인 차원의 교제를 원하고, 개인적인 대답으로 반응한다. 아랍인은 자기와 관련이 있는 사람들의 개인 생활을 마땅히 알 권리가 있다고 생각한다. 형식적이고 알맹이가 없는 것, 서먹서먹한 응답은 상대를 불쾌하게 만들고 화나게 한다. 그들은 미리 예고하지도 않고 자기들이 내키는 시간에 멋대로 찾아와서는 오래도록 머문다. 더구나 방문자는 상대방의 집

안을 자유로이 돌아다니며, 침실이나 부엌과 같은 사생활 구역에도 자유로이 드나들 수 있다.

◆ 아랍인은 내키지 않더라도 가까운 사람의 요청에 응하고, 어떠한 희생을 치러서라도 가까운 사람에게 만족감을 주려고 노력한다. 비난이 두렵기 때문이다.

◆ 아랍사회의 사회적 압력은 실로 대단하다. 개인의 행동을 판단하고 칭찬과 비난을 가하는 주된 힘은 그 사회의 여론이다. 여론은 개인의 행동을 직접적이고 궁극적으로 조정하는 힘이 되고, 자기 행동을 결정하기 위한 선택의 여지는 개인에게는 극히 작은 권한밖에 주어져 있지 않다. 아랍사회의 근본 문제의 하나는 '타인이 뭐라고 할 것인가' 하는 불안감일 것이다.

◆ 아랍인들은 경우에 따라 거짓말을 죄로 생각하지 않는다. 거짓말은 그 자체가 악이 아니고 거짓말을 한 상대에게 해로운 결과를 주었을 때만 악이 된다. 거짓말을 하는 것이 유일한 방편인 경우 거짓말은 합법적이라고도 할 수 있다. 아랍인은 자기 목적이 달성된다면 거짓말을 하는 데 아무런 거리낌을 갖지 않는다.

◆ 아랍인은 무엇이든 숨기려 든다. 자기 행위를 밝히려고 하지 않는 것은 그 행위에 대하여 부정적인 판단이 내려지는 것을 두려워하기 때문이다. '수치스러운 일을 한 자는 그 행위를 숨겨 두어라. 불명예스러운 일이 하나 알려지면 또 다른 불명예를 낳는다'는 속담이 있다. 따라서 아랍인은 자기에게 중요한 일은 비밀리에 진행하는 경우가 많다. '표면에 드러나지 않는 죄는 7할이 용서받는다'.

◆ 아랍인은 '아무도 모르는 곳에서는 무엇을 하여도 무방하다'는 말에 따라 살아간다. 조직에서 이탈하여 아무도 모르게 되었을 때, 아랍인의 행동에는 믿어지지 않는 변화와 이완이 나타난다. 천한 일에 종사하여 수치를 당하는 것보다 굶어 죽는 편이 낫다고 생각하면서도, 미국 유학생들이 공장이나 탄광, 식당에서 일하기도 한다.

◆ 아랍사회는 매정스럽고 엄하고 냉혹하다. 강자를 숭배하고 약자에의 동정은 없다. 개인에게 가혹하다. '불운한 일로 수모를 당하더라도 자기 발로 걸으라'고 말하며, 개인은 부축 받기보다는 오히려 발로 차인다. 아랍사회는 결코 친절하지 않으며 용서받는 일도 드물다. 나쁜 일을 범한 사람에게는 평생 동안 비난이 따라다닌다.

◆ 아랍인은 매우 공격적이며, 이러한 공격성은 주로 말로써의 논쟁이나 비판이라는 형태로 나타난다. 아랍인은 비판하는 것에 매력을 느낀다. 더구나 그들이 비판을 하는 것은 언제나 <타인>이며 자기비판은 드물다. 아랍인은 자기 또는 국가적인 불운에 대하여 그 책임을 지려고 하지 않으며, 일체의 책임을 타인에게 떠넘기려는 경향이 보인다.

◆ 어떤 분위기에서는 감정을 과격하게 노출시키는 것도 아랍인의 한 특성이다. 아랍인은 화내는 몸짓과 큰소리로써 자기 의사를 상대방에게 전한다. 그 말투는 충격적이고 불타는 듯 과격하다. 아랍인과 냉정하게, 그리고 객관적으로 논의하기란 매우 힘들다. 그들은 언제든 주관적이며, 또한 어떤 화제든 자기 역할을 지나치게 의식하고 있다. 자기 생각을 전달하려는 아랍인은 자기가 아는 것을 지나치게 과장하는 듯싶다. 아랍인은 열광하기 쉽고, 지금 당장이라도 행동에 옮길 듯이 주장하나 막상 행동할 때가 되면 꽁무니를 빼고 만다.

◆ 아랍인은 감수성이 매우 민감하다. 그들은 우는 것은 수치가 아니며 인격을 손상시키는 일이 아니라고 여긴다. 남자의 우는 모습을 보는 경우도 결코 이례적인 것이 아니며, 더구나 그와 같은 감정의 표현이 사내답지 못하다고 여기지 않는다.

◆ 아랍인의 기질은 신경질적이어서 아주 사소한 자극에도 반발을 일으킨다. 쉽게 달아오르고 참을성이 없다. 한번 성질을 부리면 한없이 화가 번진다. 분노에 대한 아랍인의 자제력은 약하며 걷잡을 수가 없다. 특히 명예를 손상당하였을 때는 그들의 분노가 절정에 달

한다. 특히 여성의 정조와 명예에 관계되는 문제는 남성의 분노를 극도로 유발시켜 <명예살인>을 저지르기노 한다.

◆ 화가 난 아랍인은 비열한 밀을 입 밖에 내놓는다. 그들은 상스러운 말, 은어, 무례한 삿대질을 함부로 쓴다. '이 똥갈보년아, 죄수의 딸년아, 이 뚜장이놈아, 비겁한 자식, 계집애 같은 녀석, 입 닥쳐, 개새끼, 죽어버려, 네 놈의 종교에 천벌이 내려라……'

◆ 아랍인이 이어 내려온 개성 중에서 흥분하기 쉬운 것과 자제심은 극히 대조적인 성격이다. 적의에 충만하고 언제나 싸울 태세를 취하고 있는 듯한 아랍인, 분노와 슬픔을 곧바로 나타내는 격정적인 아랍인. 이런 사람이 보통 때는 기쁨과 불만, 나약함을 표면에 나타내지 않는다.

◆ 아랍인은 까놓고 이야기하기를 싫어하나, 일단 비밀을 이야기했을 경우 상대방은 그 비밀을 반드시 지켜 주리라고 믿고 있다. 비밀을 털어 놓으면 상대방은 만족해하고 그 대신 일생 동안 그것을 지킨다. 사적인 이야기는 여간 해서는 폭로되지 않고, 때로는 그 친구가 적으로 돌아선 뒤에도 그 비밀만은 지켜 준다.

◆ 아랍의 우정은 적대적인 분위기 속에서 싹튼다. 두 사람이 처음으로 접촉할 때 그들은 서로를 잠재적인 적으로 본다. 잠재적인 친구는 까놓고 이야기하기 전에 먼저 시험 당하게 된다. '시험하기 전엔 친구가 되지 말라'. 그러나 일단 시험이 끝나면 아랍인은 충실하고 성실한 친구로 변한다.

◆ 아랍인은 역경에는 착실성과 위대한 인내력을 보이며, 특히 자기 힘으로 어찌할 도리가 없는 사태에 부딪쳤을 때는 놀라운 참을성을 발휘한다.

◆ 사랑의 표현도 무표정하다. 더욱이 여성들은 기쁨을 나타내지 않도록 요구된다. 아랍인들은 웃음이 적다. 웃음은 인간에게 침착성을 없앤다고 생각한다. 부부와 부모자식, 연인 사이의 애정을 공공연

하게 표현하는 것조차 이상하게 본다.

◆ 아랍에서는 성의 행동에 대한 규정은 극히 엄격하고 금욕적이다. 그래서인지 아랍 남성은 호젓한 곳에서 여성과 단둘이 있게 되면 무조건 그녀에게 접근하려 한다. 여러 사람 앞에서 남성은 애정을 거꾸로 표현하여 주위의 눈을 속이려 한다. '그녀에게 심한 말을 하는 남자가 있다면 그 남자는 그녀를 사랑하고 있다고 생각하라'.

◆ 아랍인은 곧잘 의기양양해 하는 특징이 있다. 그들은 자기의 약점을 비난받으면 단호한 자신감과 도전, 위협적인 태도를 보이며 결의와 용기를 과시한다.

◆ 아랍인은 자기가 실제로 할 수 있는 일 이상으로 약속을 꺼낸다. 자기와 자기 가족에 대하여 공상적인 말을 뱉는다. 게다가 아무 거리낌 없이 자기 자랑을 늘어놓는다.

◆ 아랍인은 떠버리를 두려워하며, 그러면서 또한 그러한 사람을 신뢰한다. '시끄러운 강을 건너라. 조용한 강은 건너지 말라'는 속담은 까다로운 사람, 시끄러운 사람이야말로 가장 믿을 수 있다는 것을 의미한다.

◆ 아랍사회에서는 자기의 능력과 업적, 화려한 혈통을 자랑하는 사람들이 대단히 많다. '나는 절대로 물에 빠지지 않는다, 천 명을 빠뜨리기 전까지는'.

◆ 아랍인은 자존심이 강한 사람들이다. 자기 스스로를 높이고, 남으로부터 존경받는 것을 대단히 중시한다. 아랍인은 쉽사리 외부에 도움을 구하지 않는다. 아랍인은 동정을 받으면 자기가 경멸당한 것처럼 생각한다. '도움을 청하는 것보다 굶어 죽는 편이 낫다'.

◆ 아랍인만큼 그 종교와 습관, 전통, 생활방식에 자부심을 갖고 그 공적 또는 우월성이라는 것을 믿고 있는 사람들은 별로 없을 것이다. 아랍인은 자기들의 전통과 습관을 존중해 주는 사람에게 감사하고, 자기들의 생활을 이해해 주는 사람들과 쉽게 어울리며, 상대의

체면을 세워 주려고 노력한다. 그들의 자부심을 지켜 주면 우정을 살 수 있는 길이 열린다. '수치와 더불어 사는 깃보다는 명예와 더불어 죽는 편이 낫다'.

◆ 외모에 유의하는 것도 아랍인의 첫째로 꼽히는 관심사이다. 아랍인은 가끔 약점이나 불행, 빈곤 등을 의식적으로 숨기려고 한다. 자존심이야말로 그들의 생존 이유이다.

◆ 아랍인은 처음 만났을 때는 격조 높고 온순하며 예의 바르고 주의 깊으며 관대하고 친절하다. 그러나 자기 기대가 충족되지 않고 위신이 손상된다든가 가족의 명예가 훼손되거나 하면, 그 바른 예의는 포악한 성격으로 돌변한다.

◆ 아랍인은 맵시 좋고 사교적이며, 자기 목적을 달성하기 위해 기분을 돋우기도 잘 한다. 그들에게 있어서 아첨은 하나의 예술이며, 하나의 현실로써 용인되고 있다. 아랍인은 자기 윗사람에게 머리를 숙이고 아첨으로 그 사람을 애무한다. 뒤에서 상대에게 욕을 퍼붓고 비판하고 공격하지만 배반하지는 않는다.

◆ 아랍인은 명예를 훼손한 자는 누구와도 싸운다. 아랍인은 자기 자존심, 집안 여성들의 명예와 같은 가치관에 대해서는 타협하지 않고, 과거의 영광이나 세계문명에 대한 아랍의 공헌이라는 문제에 있어서도 전혀 양보하지 않는다.

◆ 아랍인들은 무서운 동화력과 변신, 변절의 능력도 지니고 있다. 그들은 많은 다른 인종과 민족과 문화와 접촉하여 왔으며, 그로 인하여 많은 문화적인 요소를 흡수하고 자기들의 생활방식 속에 잘 반영시켜 왔다.(용광로문화) 아랍인은 칠면조와 같이 이념을 바꿀 수 있고, 이념에 대해서는 형편없이 유치하며 무감각하고 색맹이다. 그들은 물처럼 유동적이다.

◆ 아랍인은 어떤 요구에 대해서도 그것을 정면으로 거부하기를 피한다. 그리고 <노>라는 말의 주의를 빙빙 맴돌기만 한다. 명확하

게 정식으로 거부하는 것은 옳지 못하다. 아랍의 <노>는 액면 그대로 받아들여서는 안 된다.(인샬라)

◆ 아랍인은 부모에 대한 복종을 신성한 의무로 생각하고, 불복종은 종교상의 죄로 여기고 있다. 사람의 실패와 불행, 육체적인 고통은 그 사람이 자식으로서의 의무 이행을 무시하였기 때문에 받는 응보라고 생각하는 경우가 많다. 자식들은 성장하여 결혼한 후에도 부모에게 깊은 존경의 뜻을 나타낸다. 이를테면 자식들은 부친이 방안에 들어오면 일어선다. 부친 앞에서 걸터앉거나 발을 꼬거나 담배를 피우거나 무엇을 마시거나 하는 일을 삼간다.

◆ 아랍인은 존경받기 위해 돈을 뿌린다. 아랍인은 돈을 쓰지 않는 부자를 경멸한다. 부자에게는 가난한 자에게 베푸는 무한한 덕과 아주 호화스러운 생활, 사치스러운 향락을 기대한다. 부자의 관대함은 고상한 인격을 나타내는 것으로 간주된다. 따라서 부자는 자기를 주목하고 있는 사람들로부터 존경을 받기 위해 돈을 뿌리며, 돈이 없어지는 것이 아주 즐거운 듯한 시늉을 한다. 그러나 없는 사람은 검약을 중히 여긴다.

◆ 아랍의 사회적 단위는 개인이 아니고 가족이다. 사회에서의 지위와 조직 밖에서의 지위는 주로 자기가 속해 있는 가족에 의해 결정된다. 따라서 대다수의 아랍인에게 있어서 그 사람의 생활 정도와 직업, 경제적 지위는 출생 순간에 규정된다. 가족이라는 것은 혈연관계가 있는 사람이나 친밀성, 애정, 존경의 표시로 친족의 이름을 붙여준 우인까지를 포함하고 있는 방대한 조직이다.

◆ 이슬람 국가는 일종의 사회주의 공화국인지도 모른다. 이슬람에는 군주의 자리는 없고 세습적 계승도 인정되지 않는다. 그것은 성직자도 교회도 없는 신권 민주주의라고도 할 수 있으며, 신에게 권위가 있다는 뜻에서만의 신권 정체인지도 모른다.

◆ 법의 지배권은 코란 속에 있는데, 코란이야말로 이슬람 국가의

사실상의 헌법이며 권리헌장이다. 이들의 법은 신성하며 개정 불가능한 것이다. 이론상 신성한 입법은 무힘미드의 죽음으로써 완결되었으며, 칼리파의 법적 기능은 이슬람법의 해석에 한정되었다.

◆ 이슬람이 말하는 개인의 책임이라는 것은 누구든 타인에 대한 범죄 행위로 인해 다스려지는 일은 없고, 모든 사람은 자기 행위에 책임을 진다는 것이다. 누구든 아버지나 할아버지가 범한 죄로 벌받지 않으며, 그 사람이 태어나기 전의 죄는 묻지 않는다는 점에 요약되어 있다.

◆ 아랍사회는 전통이 깊이 뿌리 박혀 과거의 관습에 의해 결정된 엄격한 행동기준으로 가득 차 있다. 전통은 개인이나 집단의 행동에 대한 제어장치로써 견고한 지위를 차지하고 있다. 행동이 관습에 일치한다면 그것은 선이 되며, 어긋난다면 악이 된다. 모든 관습과 전통은 기본적으로 종교적인 것이라고 할 수 있다. 아랍인은 모든 행동이 관습과 전통, 종교라는 삼위일체에 접합되도록 노력하고 있다.

◆ 신은 모든 것에 존재한다. 신은 가르침이 아니라 하나의 이상이며 생활의 규제력이다. 신은 사람들의 마음속에만 존재하는 것이 아니라 사물, 매일 매일의 생활에도 존재한다. 신은 그들의 식사와 투쟁, 욕망과 마찬가지로 극히 평범한 존재요 친한 친구이다.

◆ 이슬람교도 사이에서는 돈독한 신앙심이 가장 명예로운 일로 간주되고 있다. 그렇게 보이려고 하는 소망 때문에 많은 사람들이 위선과 허식의 겉치레에 빠져들고 있다.

◆ 아랍인들은 개나 고양이 같은 동물들에게는 밤이 되면 죽은 부모의 영혼이 깃든다고 믿는다. 그 때문에 그런 종류의 동물은 해가 진 후에는 보호되고 소중히 취급된다. 또한 인간이 잠을 자고 있는 동안에는 영혼이 육체에서 떠난다고 믿는다. 따라서 사람이 잠자고 있을 때의 살인은 육체를 죽였을 뿐이며 살인자를 괴롭히는 영혼의 공포는 없다고 인식되고 있다.

◆ 지켜야 할 금기가 많다. 예를 들면, 함부로 입을 벌리고 있지 않도록 주의해야 된다. 특히 하품을 할 때는 입을 손으로 가리지 않으면 안 된다. 그렇게 하지 않으면 악마가 원한을 품고 입 속에 침을 뱉거나 방뇨를 할지도 모른다. 그것은 위에 각종 질병을 가져온다. 또한 아랍인은 잘라낸 머리카락이나 손톱 부스러기는 악용된다고 믿는다. 그들은 마법사나 마녀를 무척 두려워하는데, 사람이 머리를 깎거나 손톱을 잘라낸 후에 마법에 걸리기 쉽다고 믿고 있다. 따라서 아랍인들은 자기에게 원한을 품고 있을 듯한 사람 앞에서는 머리 깎기를 거부한다.

◆ 악마의 눈을 가진 사람이 노려보면 재난을 당한다는 흉안의 신앙은 아랍인들 사이에 뿌리 깊이 그리고 폭넓게 퍼져 있다. '흉안은 집을 텅 비게 하고 묘지를 가득 채운다, 인간의 반수는 흉안 때문에 죽어간다……' 특히 파란 눈은 사악한 힘이 있다고 하여 특히 조심하도록 되어 있다. 아랍사회에서는 사내아이를 매우 소중히 여기는데, 그 사내아이에게는 다섯 살 무렵까지 계집아이의 옷을 입히기도 한다. 그 이유의 하나는 흉안의 눈길을 피하기 위해서이다.

◆ 잠을 자면서 이를 가는 것은 진한테 붙잡혔기 때문이며, 아무리 먹어도 배가 부르지 않다면 그것은 진이 몸 안에 있어 음식물을 빼앗아 먹고 있기 때문이라고 생각한다. 밤에 거울 속에 있는 자신을 지켜보면 진이 눈 속으로 들어와 눈이 붓는다. 코란 구절은 진을 물리치는 데 매우 효과가 있으며, 말의 울음소리는 진을 놀라게 하여 멀리 달아나게 한다.

◆ 해치고 싶은 사람이 있으면 코란의 장을 뽑아내어 정서한 후, 그것을 주둥이가 좁은 유리 항아리에 넣어 적의 집 어딘가에 살짝 놓아두고 온다. 또 다른 방법으로는 그 항아리에 빗물을 섞어 넣어 적이 마시도록 한다.

◆ 아랍인들은 인생의 괴로움을 피할 수 없다고 생각한다. '달콤

한 인생을 경험한 자는 괴로움도 맛보지 않으면 안 된다'는 격언은
괴로움을 견뎌 나가는 그들의 태도를 잘 나타내고 있다. 즐거움에는
괴로움이 따르기 마련이며, 그것은 항상 표리일체로 생각되고 있다.
'기쁨 뒤에는 항상 슬픔이 온다, 슬픔과 기쁨은 불과 종이 한 장 차
이이다……'

◆ 이슬람의 역사는 당초부터 운명론이 올바른 신앙의 원칙으로
취급되어 왔다. 무함마드가 말하길, "알라는 모든 자궁에 하나의 천사
를 정하였다. 그 천사는, 신이여 한 방울의 정액을, 신이여 한 방울의
피를, 신이여 한 조각의 살을……그리하여 알라가 아이의 완성을 원하
자, 천사가, 신이시여 남자로 할까요, 여자로 할까요? 행복하게 할까
요, 아니면 불행하게 할까요? 수명은 어느 정도로? 이렇듯 아이가 아
직 어머니의 뱃속에 있는 동안에 이런 것들이 미리 정해진다.

참고문헌

공일주.(1996). 『아랍 문화의 이해』. 대한교과서(주).

김용선.(1991). 『코란의 이해』. 민음사.

김정명.(2003). 『아랍인의 혼례 풍습』. 중동연구 제22권 2호.

사니아 하마디. (1991). 『아랍, 아랍인』. 손영호(역)

윤용수.(2005). 『아랍어 어떤 언어일까?』. 창문.

이규철, 임병필.(2003). 『이슬람 아직도 딴나라 이야기』. 부산외국어대학교 출판부.

이희수, 이원삼 외.(2002) 『이슬람』. 청아출판사.

전완경.(1999). 『아랍의 관습과 매너』. 부산외국어대학교 출판부.

전완경, 임병필.(2002). 『아랍, 이슬람문학의 이해』. 부산외국어대학교 출판부.

정선영.(2000). 『아랍·이슬람 사회의 결혼 문화에 관한 연구』. 부산외국어대학교.

조희선.(1999). 『아랍 문학의 이해』. 명지출판사.

최영길.(2000). 『이슬람 문화』. 도서출판 알림.

최영길.(2001). 『성 코란 의미의 한국어 번역』. 파하드 국왕성 코란 출판청.

한상복, 이문웅, 김광억.(1997). 『문화인류학 개론』. 서울대학교 출판부.

Barakat Harim.(1993). *The Arab World*. University of California Press.

Chejne Anwar G.. (1969). *The Arabic Language Its Role in History*, University of Minnesota Press.

Hartford Hedaya & Ashraf Muneeb.(2001). *Your Islamic Marriage Contact*. Dar Al Fikr.

http://www.witness-pioneer.org/vil/Books/SH_SL/islamic_law_regarding_marriage.htm

· 저자 ·

윤용수(문학박사)

- 아랍어 전공

- 『아랍어 표현 연습』
  『기초 생활아랍어』 외 다수

임병필(문학박사)

- 현대 아랍시 전공

- 『아랍이슬람문학의 이해』(공저)
  『아랍시의 자유와 전통』 외 다수

아랍어와 아랍문화

· 초판 인쇄	2007년 8월 30일
· 초판 발행	2007년 8월 30일
· 지 은 이	윤용수 · 임병필
· 펴 낸 이	채종준
· 펴 낸 곳	한국학술정보㈜
	경기도 파주시 교하읍 문발리 526-2
	파주출판문화정보산업단지
	전화 031) 908-3181(대표) · 팩스 031) 908-3189
	홈페이지 http://www.kstudy.com
	e-mail(출판사업부) publish@kstudy.com
· 등 록	제일산-115호(2000. 6. 19)
· 가 격	14,000원

ISBN 978-89-534-7183-2 93790 (Paper Book)
　　　 978-89-534-7184-9 98790 (e-Book)